東京終了

—現職都知事に消された政策ぜんぶ書く—

舛添要一

ワニブックス
PLUS新書

まえがき

東京都知事の職を辞してから２０２０年で４年が経ちます。その経緯については、『都知事失格』（小学館、２０１７年）に書きました。そこには、私なりの反省、そして誹謗中傷に対する反論も記しています。

自分が手がけた都政の改革が完遂できないまま都庁を去るのは心残りでしたが、辞職後はいち都民として静かに思索の日々を行ってきました。

そのような生活の中で、外から小池百合子都知事の舵取りを眺めていましたが、政治的パフォーマンスのみが目立ち、東京都を発展させるような政策は見出せません。

小池知事は、就任するや否や豊洲の中央卸売市場、五輪競技施設などを壊しにかかりましたが、それこそ中身のない大衆扇動にすぎず、都民の貴重な時間とお金を浪費したのみでした。そして、結局は、私が遂行した所期の計画に落ち着かざるを得なかったのです。

その後も小池都政下で、都市計画をはじめ、東京を世界一にするために私が始めた諸施策が次々と棚上げにされてしまいました。呆然とするとともに、怒りの念すらこみ上げてきました。

しかし、マスコミはなぜか小池批判を避けてきました。大衆扇動という点では、マスメディアも同じだからなのかもしれません。


ところが、予期せぬ出来事が起こりました。それは、新型コロナウイルスでの発生です。あっという間に世界中に感染が拡大し、パフォーマンスのみで実質を伴わない空虚な小池都政を直撃したのです。

私は厚生労働大臣として、２００９年に流行した新型インフルエンザに全力をあげて対応した経験があります。試行錯誤の連続でしたが、厚労大臣に政府の権限を集中させることによって、感染拡大を迅速に抑え、早期に収束させることに成功しました。

そのときの経験を念頭に、政府や東京都のコロナ対策を毎日細かく点検しましたが、多くの問題点が浮かび上がってきました。私は、公の世界に出ることも、マスコミに登場することもほとんどない生活をしていましたが、あまりの惨状に黙って見ているわけにはいきませんでした。感染症の危機管理を行った厚労大臣として、間違った対応を変えるために発言すべきだと決意したのです。

ツイッターやブログ、ＹｏｕＴｕｂｅなどのＳＮＳを使って、感染症対策の原則や２００９年のパンデミックについて広く国民に知らせました。その過程で、ネットメディアに論文を書いたり、テレビやラジオの番組に出演したりする機会も得ました。

２０２０年のオリンピック・パラリンピック東京大会も、コロナの影響で延期になったことはご存じの通りです。都知事のときに、開催都市の首長として、私はＩＯＣと何度も難しい交渉を行いましたが、大会の準備についても、前都知事として何らかのアドバイスができるのではないかと思いました。

２０２１年にオリンピック・パラリンピック大会を開催できるかどうかは、世界におけるコロナ感染状況次第です。また、ワクチンの開発も大きな決定要因となります。新型インフルエンザ感染拡大のときには、海外からワクチンを輸入して多くの国民が接種できるような態勢を整えましたが、そのような経験も大会開催に役立てられると考えたのです。

厚労大臣と東京都知事の両方を務めた政治家は私しかいないので、その経験を活かし、東京で素晴らしいオリンピック・パラリンピック大会を開催するお手伝いができればと思い、そのためにも小池都政の問題点は指摘すべきだと再認識しました。

たとえば、豊洲市場問題にしても、マスコミは小池都知事のパフォーマンスに踊らされているのか、面白おかしく伝えるのみで、正確な情報や背後にある問題を伝えようとしません。そして、報道内容に責任を持つこともありません。万事がこの調子で、調査報道などとはほど遠いポピュリズムがメディアを支配しています。

そこで、私が都知事のときにどのような政策を展開していたのかを、きちんと国民に知らせるべきだと思ったのです。私が都知事を続けていれば、今の都政のような惨めな状況にはなっていなかったはずだと確信しているからです。

また、東京五輪のマラソンと競歩の開催地が、東京から札幌に変更になりました。IOCが決定したのですが、小池都知事は完全に蚊帳の外に置かれてしまいました。これは、開催都市の首長にとって最大の屈辱といえますが、IOCが彼女を無視したのには、それなりの理由があるのです。私が知事であれば、少なくとも事前にIOCから相談があったはずです。

本書では、パフォーマンスのみで中身のない小池都政を振り返ります。そして、彼女が私の政策を弊履のごとく捨て続けたことを詳細に書き出してみます。この都政が続けば、都民の生命と財産が守れないことが明らかになるはずです。

第1章では、私が辞任し、小池都知事が東京都の舵取りをするようになってから、都政がいかに酷い状況次第になっているかを描写します。

第2章では、小池都政からは完全に欠落している都市計画について論じます。私の時代には、虎ノ門、渋谷、東京駅周辺・大手町、品川と再開発が順調に進んできましたが、小池都知事には都市計画の発想が完全に欠落しており、新宿や池袋の再開発が遅れています。

第3章では、小池都知事には危機管理の意欲も能力もないことを明らかにします。この知事の下では、コロナのような感染症、そして、地震、台風、洪水・高潮などの自然災害から東京都民の生命と財産を守ることはできません。

第5章では、小池都知事が文化や芸術にも興味を示さないことを批判します。オリンピック・パラリンピック大会は、スポーツのみならず文化の祭典でもあるのです。小池都政が続けば、文化の香りのしない東京になってしまいます。

第6章では、小池都知事の政治的パフォーマンスが、東京のみならず日本全体を沈没させる危険性について警鐘を鳴らします。

東京を沈没させてはなりません。今のような空虚な小池都政が続くようでは、残念ながら最悪の事態にすらなることを覚悟しておく必要があります。

都知事を選ぶのは都民です。その選択の材料として、本書で小池都政の諸問題について抉り出していきます。

なお、文中の敬称は略します。

目次

第2章 東京は100年輝くはずだった

第3章 東京は世界をリードできなくなる

第4章 危機管理ができていない首都

あとがき　

第1章 私が辞めてからの都政

コロナが再選させた小池百合子

2020年7月5日、都知事選挙が行われました。結果は、事前の予想通り、現職の小池都知事の圧勝に終わりました。

この結果をどうみたらよいのでしょうか。

まず、地方自治体の首長は、2期目が最強で、よほどの失政がないかぎり、再選するのが普通です。それに加えて新型コロナウイルスの感染拡大という非常事態でした。非常事態のときには、行政の長が先頭に立って対策を進めます。

その姿は称賛されても、批判されることはほとんどありません。そして、この非常時にトップの首をすげ替えるようなことは慎むべきだという声が大きくなります。小池都知事の攻撃の対象となって、都議会選挙で大惨敗を喫した都議会自民党も、党本部の二階幹事長の指示で、対抗馬を立てることもなく、事実上の支援に回りました。

このような「コロナ追い風」に乗って大勝したのですから、「このウイルスは小池都知事を再選させるために到来した」と思ってしまうくらいです。

連日テレビに出てコロナ対策を説明しますから、都民は毎日小池都知事の顔をテレビ画面で見ます。まさに、それが最大の選挙運動になったのです。選挙は知名度が勝負ですから、露出という点では、他の候補は圧倒的に不利になってしまいました。

しかも、コロナ感染対策だと称して、「三密」を理由に、街頭演説も、公開討論も、小池都知事はほとんど拒否。そのため、4年間の小池都政を検証する機会が奪われてしまいました。さらには、「カイロ大学を首席で卒業した」というのは嘘ではないかという学歴詐称問題も浮上していましたが、これを、他候補や有権者が問いただすこともできませんでした。

開票が始まるや否や、出口調査などの結果を基にして、「小池百合子当確」の文字がテレビ画面に躍りました。ところが、その後の会見も、一社以外の記者は締め出して、完全な言論封鎖を行ったのです。

小池陣営は、「新型コロナウイルスの感染拡大防止」という大義名分を掲げれば、誰も反対できないと思っているようです。しかし、マスコミに対して傲慢な態度をとるトランプ大統領でさえ、ホワイトハウスの芝生に広く間隔を空けて記者を座らせ、きちんと会見に応じています。

小池方式は言論統制であり、民主主義の土台を揺るがしかねない暴挙です。新型コロナウイルス感染に伴う「新たな日常」が記者の締め出し、言論統制というのでは話にならないと思います。

「7つのゼロ」は達成できたか

4年前に、小池都知事は公約として「7つのゼロ」を掲げました。①ペット殺処分、②待機児童、③満員電車、④残業、⑤都道電柱、⑥介護離職、⑦多摩格差の7つをゼロにしようというものですが、達成したのは①のみです。そもそも、このような7項目を公約として掲げること自体が思いつき以外の何物でもありません。

たとえば、③や④は、日本人の働き方の問題であり、神奈川県、埼玉県、千葉県など近隣諸県から通勤している人もいます。皮肉なことに、小池都知事ではなく、新型コロナウイルスが満員電車も残業も無くしてしまいましたが、緊急事態宣言が解除され、経済活動が再開されるに従って、また元の状態に戻りつつあります。

無電柱化については、1986年に国は無電柱化延長第一期計画を開始し、2008年には第五期計画が終了し、今もまだ工事は続いています。しかし、経費もかかるために思うようには進んでいません。東京23区でまだ8％しか無電柱化はできていません。

また、国道以外にも、都道府県道、市町村道などがあり、地方自治体にとっては、財政力の問題もあり、無電柱化を優先させるわけにはいかない事情もあります。

私は、都知事のときに東京の景観や防災のためにも、都が管轄する都道の無電柱化を進めることにし、工事現場も視察しました。

工事はお店の前の道を掘り返すので、昼間は作業をするのが難しいのです。また、地下にはガス、水道などさまざまな生活インフラが通っており、電線敷設のスペースを見つけるのに手間がかかります。現場の責任者に聞くと、完成までに7年間という長い年月が必要だそうです。そのようなことは、現場を見に行かなくても、役人に従前の施工例を説明させればわかることです。

公約そのものが現実的でないものであっても、公約は公約ですから、7つのうちの1

つしか実現していないことは、誰が見ても失格です。ところが、小池都知事も有権者も、そんな公約などすっかり忘れてしまっています。

都知事就任以来の小池都知事のパフォーマンスで、多くの時間と税金が失われていきます。それを、次に簡単に振り返ってみましょう。

環状2号線整備の遅れ

たとえば築地市場移転問題です。「大山鳴動して鼠《ねずみ》一匹」の諺《ことわざ》のように、小池都知事は、自己宣伝のためにマスコミを総動員して「移転先の豊洲市場は危険だ」と大騒ぎしました。しかし、実際には改善も変更もほとんど行われていません。そのため、豊洲市場開設も築地市場の再開発も遅れてしまいました。

実は、築地市場のすぐ横には、環状2号線の整備が進められています。江東区有明から千代田区神田佐久間町までをつなぐ道路ですが、晴海の選手村から競技場まで選手を運ぶための幹線道路で、築地市場の跡地も通ります。

　ところが、築地市場移転遅延の余波で、この道路が完全には開通していません。そのため、東京オリンピック・パラリンピック（ＴＯＫＹＯ ２０２０）の運営に支障を来すことになります。

　幸か不幸か、新型コロナウイルスの感染拡大の影響で東京五輪は1年延期されましたので、準備も1年余裕が生まれました。しかし、市場移転問題が東京五輪にも大きな影響を及ぼしていることを忘れてはなりません。

　築地の跡地は、五輪中は大型バス５０００台用の駐車場として使うことになっていますが、これも予定通り五輪が２０２０年に開催されていたら、間に合わなかったと思います。

　ちなみに、環状2号線について、私は、実はこの道路を使って、世界に先駆けて無人自動車を実用化する予定だったのです。しかし、小池都知事が、市場移転問題をパフォーマンスの材料にしている間に、この分野で、中国をはじめ世界に大きく後れを取ってしまいました。私は毎年、学術交流で中国に行きますが、ＡＩや5Gの分野で日本が中国に後れを取っていることに愕然《がくぜん》とします。

さらに、地球環境の保護のために、五輪用の自動運転には水素自動車や電気自動車のみを使うようにし、また選手村でもガソリン車の乗り入れは一切認めない方針を固めていました。しかし、肝心の環状2号線が完全に開通していない状況では、以上のような計画もすべて頓挫してしまっています。

古くて狭い築地市場

私が辞任する前後の豊洲市場問題の展開を簡単に振り返っておきましょう。

築地市場は、関東大震災の後、1935年に開設されました。読者の中にはこの市場に足を運ばれた方も多いと思いますが、私も早起きしてマグロの競りを見たことがあります。見学した後、市場内の食堂で新鮮な魚介類を使ったおいしい朝食を食べるのも楽しいものでした。

しかし、市場が手狭になり、また衛生上の観点からも、多くの問題が生じていました。開放構造の施設ですので、空調も効かず、真夏など暑さで食品が傷みますし、観光客が魚を手で触れたり、鳩の糞《ふん》が落ちてきたり、ネズミが走り回ったりと困ったことが多々ありました。また、国鉄の線路が引き込まれ、列車で商品を輸送する形態だったため（1987年に廃線）、トラック輸送に変わってからは、交通渋滞の問題も深刻でした。

そこで、これらの諸問題を解決するため、東京都は、2001年に豊洲に移転することを正式に決定したのです。

東京は日比谷公園あたりから東京湾までは、実は江戸時代から埋め立てられて生まれてきた土地なのです。埋め立ては今でも続いています。「夢の島」がゴミを埋め立ててできたように、現代の埋め立て地には土壌汚染の問題がつきまといます。豊洲には東京ガスの工場がありましたから、土壌汚染の危険性がありますし、液状化すると地震のときなどに大きな被害をもたらします。

2016年8月に都知事に就任した小池知事は、豊洲市場の安全性に疑義を呈し、同年11月7日に予定されていた築地から豊洲への移転を延期しました。

しかし、私の在任中に、安全性確保のために必要な工事を行い、法律で定められている以上に何度も繰り返し安全性を確認していました。そのような努力を積み重ねた上で、築地から豊洲へ移転する日を決めたのです。移転日を決める少し前の2015年12月9日に私が臨んだ定例記者会見での質疑応答を引用します。

＊　＊　＊

【記者】すいません、もう一つ。土壌汚染工事の関係なんですけれども、この間の技術会議で場長はこれで土壌汚染は解消したというふうに認識しているということを最後に言われたんですけども、それは実質的な安全宣言だと捉えていいんでしょうか。

【舛添】基本的には、まさに何重にも安全な措置を取ったということが一つ。それから、この土壌の安全措置というのは、絶対にやれという法的に決められたものではなく、これはこれできちんとやる。しかし、そこに市場を開設するかどうかは、その措置をやらないとできないというような、そういう決まりではありません。法律を調べればわかりますけれど、念には念を入れてきちんとそれをやったということをしっかり申し上げたのであって、これをやらなかったから開けませんとか、これをやったから開きますという因果関係の話には法的にはなっておりません。しかしながら、きちんとそれはやって、安全だということで進めていくということです。もし不明であれば担当に聞いてください。どの法律の何に基づいてどうだということを、私よりきちんと説明できると思います。より明確に根拠を示せると思います。

【記者】法律に基づいて云々《うんぬん》というんじゃなくて、都として安全だと思っていると。

【舛添】そうです。ですから仕事を進める訳です。そこまで莫大《ばくだい》なお金をかけて土壌を改良して、勝手にこちらが点検したわけではなく外の人たちを入れて、専門家を入れて点検して、安全だということです。

【記者】じゃあ、市場関係者とか外に向かってここは安全ですよと宣言したということとイコールだと捉えても大丈夫なわけですか。

【舛添】大丈夫ですよ。間違ってほしくないのは、それがなければ開けないというマストの条件ではありませんけれどやったということ。よく誤解があって、それもやっていないのに開くのか、それやって結果が出たらどうなると。その因果関係は法律上は全くありませんということを申し上げたいので、私はこれで十分安全であると。ですから市場を開設しますということを、責任持って申し上げたいと思います。

＊　＊　＊

これ以上、わかりやすい説明はないのではないかと思います。「念には念を入れて」調査をしているのであって、調査と開場とに法的因果関係がないということなのです。このことを、小池知事やマスコミは理解していなかったようです。

無責任なマスコミが煽るデマゴギー

関澤純氏（NPO法人食品保健科学情報交流協議会理事長、元徳島大学教授）は、朝日新聞（2017年1月28日）のコラムで、次のように主張しています。

〈有害物資の環境基準は規制値ではなく、健康と生活環境を守るための行政の目的地であり、大きな安全性を見込み、年間平均値で表される。ベンゼンでは、基準値相当の地下水を毎日2リットル、70年間飲み続けた場合、がんの発生確率が10万分の1だけ高まる可能性を回避するレベルだ。仮に地下水から環境基準の10倍のベンゼンが蒸発し食品に付着しても、水分中の濃度は飲料水の水質基準の1000分の1未満と見積もられ、健康への影響はほとんどないと言える。

食品衛生の観点から、築地と豊洲を比べてみよう。開設から80年がたった築地市場は開放構造で、観光客が売り物の魚に手を触れられる状況で、食品テロの危険性を考えると極めて危うい。さらに問題なのは、ネズミやハトも容易に市場内に出入りできることだ。フンには食中毒の原因となるウイルスや病原菌が含まれているが、築地の構造では侵入を阻止するのは難しい。豊洲市場は取引業者と観光客の動線は厳密に区別され、ネズミやハトが入りにくい閉鎖構造と管理体制が取られる。

（中略）予防的な衛生管理に対応しやすい構造と体制を考えれば、築地より豊洲が適当となろう。

（中略）最近の移転問題の迷走は、消費者や関係者に無用な不安を与え、行政への不信を高めた。零細な事業者を守りつつ、国際標準に適合した衛生管理体制を視野に入れ、移転問題を検討すべきだ〉

これが、責任ある科学者の議論ですが、「毎日2リットル、70年間飲み続けた場合、がんの発生確率が10万分の1だけ高まる可能性」という数字など、都議会でもマスコミでも、判断の材料として引用されたとは思えないのです。小池都知事のデマゴギー、そしてマスコミによる大衆扇動で、科学や公衆衛生学や医学は全く無視されてしまったのです。

小池都政のこの問題は、新型コロナウイルス対策でも、残念ながら、そのまま引き継がれています。パフォーマンスのみで、科学的根拠を欠いた空虚な政策が続いています。法的にも、科学的にも、豊洲への移転は何の問題もありませんし、安全も担保されています。小池知事は「安全だが安心ではない」とか、「地下と地上は切り離すことはできない」とか主張しましたが、食品衛生や環境工学から見れば、その主張こそ間違っているのです。しかし、小池都知事、そしてマスコミによって洗脳された国民は、何となく、その嘘を信じてしまうのです。マスコミが支配する大衆民主主義の怖さです。

危険な築地の「使い道」

小池パフォーマンスの道具に使われた豊洲市場は、２０１８年10月11日に開場しました。予定よりも2年も遅れてしまいました。この時間の無駄と、それまでに費やしたエネルギーとお金を計算すると莫大なものになると思います。そのツケは、すべて都民が払うことになります。

豊洲市場の付属施設として、千客万来施設があります。ところが、２０１７年6月に、小池都知事は、築地市場の再整備を行って物流と食の観光拠点とすると述べたのです。築地市場に残留したいという業者もいて、最後まで反対運動をしていましたが、そういう人たちに媚《こ》びを売るために、思いつきでそのようなことを言ったのだと思います。

もし、その通りになると、競合施設ができますので、千客万来施設は採算が取れなくなります。そこで、事業予定者の万葉倶楽部は撤退する意向を東京都に伝えたのです。その後、都との交渉を繰り返した上で、万葉倶楽部は計画を進めることに同意しました。2023年に開業する予定ですが、この遅れも、不用意な〝小池発言〟が招いたものなのです。

もう一つ、重要な点を記しておきます。それは、築地市場は特別会計「中央卸売市場会計」で取り扱ってきましたが、これを一般会計に約5500億円で繰り入れることに、2019年1月に決めたことです。この一般会計への移行は、税金で築地跡地を買い取ったことを意味します。

コロナ対策で今後財源が不足するのは確実ですが、そのときにこの跡地を売却しようという考えが出てきます。都心の最後の広大な一等地です。私の都知事時代を振り返っても、利権を求めて、多くの企業や団体が言い寄ってきます。小池都知事なら、自分の人気取りのために、慎重熟慮することなく、平気で売り飛ばすことも厭《いと》わないと思います。危険なことです。

〝2000億円削減〟を無駄にした五輪開場見直し

豊洲市場の開場遅延は、2020東京オリンピック・パラリンピックにも大きな影響を与えていますが、次に東京五輪について考えてみましょう。

新型コロナウイルスが猛威を振るっている最中の2020年3月24日、IOC（国際オリンピック委員会）のバッハ会長と安倍首相の電話会談の結果、2020年の東京オリンピック・パラリンピックは1年延長することが決まりました。これまで戦争でオリンピックが中止になったことはありますが、感染症の世界的拡大、いわゆるパンデミックで予定通りの開催ができなかったのは初めてのことです。

オリンピックを開催するのは都市であって、国ではありません。主催者は東京都なのです。もちろん日本にとっても重要なイベントですので、国も関わりますし、実際の運営は大会の組織委員会が行います。大会の延期、中止などの最終的な決定権限はIOCが持っています。日本では、IOCの日本支部とも言えるJOCがIOCとの連携を支えます。

東京都知事は、このような複数の関係者と緊密に連絡を取り、大会の準備を進めなければなりません。私も都知事として就任して以来、組織委員会の森喜朗会長や、ＪＯＣの竹田恒和会長、五輪担当大臣らと協議を重ねてきました。特に森会長とは、週に一度は昼食を一緒にとりながらさまざまな問題について解決策を探ったものです。

たとえば、森会長と私とで、コスト削減のために、競技施設の徹底的見直しを行いました。猪瀬直樹元都知事が、選手村から８㎞圏内に全ての競技会場がそろうという「コンパクト五輪」を実現すると大見得を切ったために、施設整備が高騰してしまっていたのです。

そこで、新たに建設するのをやめて、少し遠くても、また東京都外であっても、既存の施設を使うことに方針転換しました。バスケット会場として埼玉県の「さいたまスーパーアリーナ」を、自転車競技は静岡県の修善寺に既存施設を、レスリングとテコンドーは千葉県の幕張メッセを使うといった手を打ったのです。

受け入れ側の県には、森会長が直々にお願いに行き、何とか了承してもらったのです。また、実際に「さいたまスーパーアリーナ」まで車で走ってみて、選手村から30分もあれば到着できることも確認しました。

そして、IOCにも事情を説明して、最初の青写真とは違うものになることを認めてもらったのです。IOCは、通常はこのような変更を認めません。しかし、五輪開催費用が高騰しているため、開催都市に立候補する都市が激減しているという深刻な事態になっていました。それに危機感を持ったIOCは、約2000億円に上る東京の経費削減努力を認め、我々の提案を了承したのです。

このような苦労など無視して、2016年7月の都知事選挙で、小池都知事「1兆、2兆、3兆ってお豆腐屋さんじゃないんですよ！」と叫び、五輪費用の高騰を批判しました。そして、都知事就任後に競技施設の見直しというパフォーマンスを始めたのです。

マスコミは、またそのお先棒を担ぎ、森会長や私の経費削減の取り組みについては、一切報道しようとはしません。内容をつぶさに知っているはずの都庁担当記者も沈黙を守ったままで、職業倫理すら欠いているとしか思えませんでした。

9月になると、小池都知事は、すでに着工している江東区にある3つの施設、つまりボート・カヌー会場である海の森水上競技場（青海）、水泳の東京アクアティクスセンター（辰巳）、バレーボールの有明アリーナ（有明）について見直しを表明したのです。

ボート会場については、宮城県の長沼ボート場に移転するとして、10月15日に、現地へ赴いて視察したのです。宮城県民は、五輪会場がやって来ると大喜びして、垂れ幕まで用意して小池都知事を歓迎しました。

私が都知事のときに、組織委員会と都は、この長沼ボート場をはじめ岐阜県の長良川を含め、全国のボート会場を調査し、ＩＯＣの基準に適合する所は1カ所もないことを確認していました。そこで、巨額の費用が必要なのはわかっていながら、東京湾に競技場を建設するしかないという結論に達したのです。

私は、小池都知事の長沼ボート場視察を報道するテレビ画面を見ながら、唖然《あぜん》として言葉も出ませんでした。森会長も、同じ思いだったのではないでしょうか。

これまた、正義の味方ぶったパフォーマンスでしかありません。ＩＯＣは、当然のことながら、そのような変更を拒否しました。宮城県まで赴き、宮城県民をぬか喜びさせた挙げ句、結局は何の変更もしなかったのです。

小池都知事は、有明アリーナについても横浜アリーナに変更する意向を示しましたが、これも断念しました。結局、３施設とも予定通りに建設が進められていったのです。

国民もマスコミも、築地市場移転問題も、オリンピック競技施設変更問題も、大騒ぎした割には、すぐに忘れてしまいます。しかし、彼女のパフォーマンスのせいで、貴重な時間とお金が浪費されてしまったことを忘れてはなりません。

豊洲市場への移転が遅れたため、選手村から競技場まで選手を運ぶ幹線道路である環状２号線の全面開通が遅れたことは、先に話した通りです。

マラソン・競歩の札幌移転の原因

東京五輪について、私が都知事時代に苦慮したのは、東京の夏の猛烈な暑さと湿度です。気象庁から熱中症警報が出るような状態で、屋外でスポーツどころではありません。選手や観客が、暑さで倒れたら、オリンピックの意味がありません。

１９６４年の東京オリンピックは、秋の最高の季節のときに開催されました。それを記念して、開会式の行われた10月10日が「体育の日」となったのです。しかし、今は夏の開催です。その理由は、巨額の放映権料を払うアメリカのテレビ局の都合なのです。

アメリカのテレビ局NBCは、放映権料として11億ドル（約1200億円）を支払っており、これはIOCの収入の73％に当たります。IOCは、このお金に五輪の運営を頼っているのです。

極論すれば、米テレビ局は、五輪を、バスケットなど視聴率の稼げるスポーツが夏休みの間の「穴埋め」としてしか位置づけていないのです。だから、季候の良い春秋ではなく、真夏に開催することになるのです。まさに、「商業主義ここに極まれり」と言ってもよいと思います。

そこで、熱を下げる素材で道路を舗装したり、街路樹を植えたり、ミストを空中に散布するシステムを導入したりと、私もさまざまな工夫を取り入れました。マラソンや競歩については、スタートを一番涼しい朝の4時半～5時くらいの早い時間にするしかないというのが私の考えでした。夜の10時頃でも昼間の熱気が残り、まだ暑いのです。

しかし、IOCは早朝はまだ薄暗いので、ヘリコプターで上空からカメラで撮影するのに適していないと反対します。このような議論をIOCと繰り返しながら、何とか東京の夏の暑さを克服しようとしたのです。しかし、私は都庁を去ることになってしまい、それ以上の対策の詰めはできませんでした。

　後任の小池都知事に全てを託すしかありませんでしたが、彼女はＩＯＣとの関係構築には努力しませんでした。その結果が、２０１９年10月に発表されたマラソンと競歩の開催地の札幌への変更だったのです。

　実は、数日前の９月27日、中東のカタールで開かれた世界陸上女子マラソンで、夜にスタートしたにもかかわらず、高温多湿で68選手中28人が棄権するという悲惨な事態となってしまったのです。東京はカタール以上の高温多湿ですので、ＩＯＣが選手の健康を心配するのは当然です。

　ＩＯＣ副会長で東京五輪を担当するジョン・コーツ調整委員長は、組織委の森会長に、10月11日、マラソンと競歩の札幌移転を知らせました。小池都知事は完全に蚊帳の外に置かれてしまいました。五輪に関することは、全て最終決定権はＩＯＣにありますから仕方ありません。

　ＩＯＣという組織は、付き合うのが大変です。私も都知事として苦労しました。財政負担などを求めるときには、「主催者は東京都ですよ」と脅し、札幌移転などを決めるときは、「決めるのは我々ですよ」と、都合良く立場を使い分けるのです。

こういった組織と意思疎通を図るには日頃からの付き合いが重要です。東京に来れば、連日最高度のおもてなしをしますし、東京五輪の打ち合わせのために私が海外主張するときは、時差で眠くても、夜遅くまで酒を付き合ったものです。こうして個人的な人間関係を築いていくのです。ジョン・コーツ氏とは、「ジョン」「ヨーイチ」とファーストネームで気軽に話していましたから、私が都知事だったら、森会長のみならず、直接私にも相談の電話がかかってきていたことでしょう。

結局、小池都知事は、「合意なき決定」と怒ってみせましたが、札幌移転という決定が覆ることはありませんでした。ＩＯＣ幹部との緊密な人間関係を構築することのできなかったことが、この失敗につながったのです。

誤解を招いた新型コロナウイルス感染への対応

中国の武漢で新型コロナウイルスの感染が確認されたのが、２０１９年の12月、年が明け、１月16日には日本でも初の感染者が確認されました。

しかし、国も東京都も、中国で起こっていることであり、来日した中国人の感染が判明したのだといった、いわば対岸の火事のような対応に終始しました。ところが、２月３日、大型クルーズ船、ダイヤモンド・プリンセス号が横浜に入港し、船内から感染者が続出したのです。９月１日現在でクルーズ船の感染者は７１２人、死者は13人に上っています。

日本政府のクルーズ船対応については、内外から厳しい批判が寄せられました。その一方で、北海道の鈴木直道知事や大阪府の吉村洋文知事が、独自の対策を掲げて、大きな人気を博しました。安倍晋三首相よりも地方の知事のほうが優れているという評価が広まったのです。

そこで、安倍首相は、２月26日には大規模イベント自粛を要請し、27日には全国一律の学校休校要請を出しました。３月11日にはＷＨＯがパンデミックを宣言しますが、日本では、13日に非常事態宣言を可能にする「新型インフルエンザ特措法」改正が実現します。

目立つのが大好きな小池都知事も、鈴木知事や吉村知事のように、何か人目を引くようなパフォーマンスをしたかったに違いありません。しかし、東京五輪が開催できるか否かという問題がくすぶっており、新型コロナウイルスの感染拡大について都知事が下手な発言をすると、大きな影響を及ぼす危険性があります。特に3月16日、G7で安倍首相が東京五輪は「完全な形で実現」と表明しただけに、開催都市の知事が異論を唱えることは不可能でした。

そのため、本来は知事自らが会見して行うべき感染者数などのデータ発表も、小池都知事はすべて担当の職員に任せきりでした。ところが、3月23日になって、安倍首相は東京五輪を延期することを容認したのです。恐らく、IOCとの間で延期論で非公式に話がついたのだと思います。

こうなると小池都知事にとってはチャンス到来です。首相発言の2時間後に急遽《きゅうきょ》記者会見を開き、コロナ感染拡大への危機感を煽《あお》り、「ロックダウン（都市封鎖）」という強力な措置を取らざるを得ない」とか「今後3週間がオーバーシュート（患者の爆発的急増）への分かれ道」とかいう言葉を並びたてました。まさに、いつもの横文字を使って耳目を引くパフォーマンスです。

　その翌日、24日には、ＩＯＣのバッハ会長と安倍首相が電話会談し、東京五輪の延期が決まりました。すかさず翌日の25日夜、小池都知事は緊急に記者会見を開き、1日の感染者増が41人になったとして、慌てて外出自粛などの措置を発表したのです。しかし、41人の内訳を見ると、病院でのクラスター感染者や海外からの帰国者を除いて、感染源のわからない患者は10～13人で、このように過度に騒ぎ立てることはなかったのです。

　さらに言えば、自粛要請をするのなら、爆発的感染を警告した19日の政府の専門家会議の後にすべきであって、1週間も遅れてしまっているのです。しかも、オーバーシュート、ロックダウンと横文字を使い、危機感を煽ってしまいました。東京は、ローマやマドリードやパリとは違うのです。

緊急事態宣言が遅れた原因となる

　この会見の影響で、東京のスーパーでは買い占め騒ぎが起こり、パニック状態になってしまいました。大衆の心理を計算しない無謀な会見だったのです。週末に「不要不急な外出をするな」と言うのなら、同時に「生活必需品の買い物は必要で、不要不急ではない」と釘《くぎ》を刺すべきでした。

「政府が無策なのに、都知事はしっかりと政策を打ち出しており、優れたリーダーシップを持っている」と言わんばかりの演出でした。実は、政府は緊急事態宣言を発令する準備を進めていたのです。

日本では、欧米のようなロックダウンは法的に定められておらず、実現不可能です。しかし、小池都知事のロックダウン発言で、緊急事態宣言がそれだと国民は誤解してしまったのです。テレビでは、連日のようにイタリアやスペインやフランスのロックダウンされた都市の状況が報じられ、警察官が厳しく取り締まっている様子が伝えられました。日本もそれと同様な事態になると、国民が誤解したのは当然です。

小池都知事の横文字マニアが招いたとんでもない誤解なのですが、都内のスーパーでは商品が棚から消えてしまいました。何とも罪つくりなパフォーマンスです。この騒動の煽りを食らって、政府は、当初3月末に予定していた緊急事態宣言を4月7日まで待つことになってしまったのです。

さらには、宣言による休業要請をできるだけ少ない数の業界に制限したい政府に対して、小池都知事は居酒屋や理容店なども対象にする案を主張し、感染防止のジャンヌ・ダルクといったイメージをつくろうとしました。そして、国との間で猛烈な綱引き合戦を演じるのです。全ては、自分の人気と支持率をアップするためです。

コロナ対策も自分の選挙のため

その後も、このパフォーマンスは続き、4月3日から、都の動画チャンネルを使って、夕方の6時45分から7時という多くの人が見るであろう時間帯に、自ら出演して新型コロナウイルスの感染状態や都の対策を説明したのです。多くのゲストも招き、4月30日には、人気者の吉村大阪府知事との対談をしかけるなど、視聴率アップにも気を配るのです。この動画は、6月11日で終了しますが、「百合子チャンネル」と揶揄《やゆ》されたように、自己宣伝のためだったのです。

さらに4月9日には、テレビ、ラジオ、街頭ビジョン、都営地下鉄などで、小池都知事自ら出演して外出自粛を呼びかけるCMを流し始めたのです。9億円もの広告費が計上されました。都知事選まで3カ月、コロナ対策という建前で都民の税金を使って選挙運動をしているようなものです。さすがに批判の声が高まって、4月中旬にはやめましたが、これが彼女の手法なのです。

新型コロナウイルスの感染拡大が下火になったため、政府は、5月25日に緊急事態宣言を全国的に解除しました。

東京都は、解除の後の経済社会活動再開の戦略として、5月22日にロードマップを策定しました。緊急事態宣言解除を受けて、実行に移されることになりますが、ステップ1から3まで段階的に解除するというものです。まず休業要請緩和のステップ1に移行し、博物館、美術館、図書館、学校などが再開されます。

吉村大阪府知事は、大阪独自の「出口戦略」を5月初めに策定しており、これが「大阪モデル」として全国から注目を浴びました。それへの対抗心があったのでしょう。また横文字で「ロードマップ」という言葉を使いましたが、これは出口戦略と違って、結果が出口につながらなくても、工程表にすぎないと言い逃れができるのです。

ロードマップには、ステップ3まで明示してありますが、1段階上がるのに2週間の観察期間が必要だと記されています。つまり、ステップ3までには4週間必要で、1カ月ということになれば、6月末になってしまいます。誰でも、「経済はそれまで持ちこたえることができるのか」という疑問を呈したくなります。

また、このロードマップ戦略に従って、ステップアップに時間をかければ、都知事選までマスコミへの露出を継続することができます。つまり、毎日、合法的に選挙運動ができるのです。その他の候補者は、立候補を宣言するや否やマスコミから遠ざけられますので、これは選挙に圧倒的に有利です。実際、7月の都知事選では、小池都知事は圧勝しました。

都知事発言が「大本営発表」に

6月1日にはステップ2に進みますが、翌日の6月2日には、東京都のコロナ感染者が34人になり、増加傾向にあるとして、小池都知事は「東京アラート」を発令しました。また横文字です。うんざりしてしまいますが、都庁やレインボーブリッジを夜11時に真っ赤に染めました。

大阪府の吉村知事が、通天閣の色を変えるというわかりやすい表示をしたことに対抗したものと思われます。赤く染まったレインボーブリッジを見物に来る人々で密集騒ぎが起こるほどで、これでは感染防止の意味がありません。とにかく、目立ちたがり屋の血が騒いだのでしょう。

「東京アラート」発動の目安は、①新規感染者数（1日20人以上）、②感染経路不明率50%以上、③週単位の感染者数増加比1以上です。2日には、①が16・3人②が50%、③2・15でした。

11日には、これが①17・9人、②48・0%、③0・98ということで、「東京アラート」は解除されました。感染者数はPCR検査数次第で変わりますので、操作しようと思えばいくらでもできます。そもそも、検査数を同時に発表しませんので、判断のしようがないのです。小池都政下で情報公開が極めて不十分なのですが、マスコミもそれを指摘せず、小池都知事発言という「大本営発表」を垂れ流すのみです。戦争中の軍部支配時代に逆戻りしたようです。

とまれ、「東京アラート」解除の翌日、6月12日にロードマップのステップ3に移行しました。この日に小池都知事は再選を目指して都知事選立候補を表明しました。結局、「東京アラート」は何の意味があったのでしょうか。吉村大阪府知事に対抗して、自分の人気を高めるための道具だったとしか言いようがありません。

実際に、12日以降は、それ以前に比べ、感染者が倍増しています。6月12〜25日の2週間の感染者数は500人で、5月29〜6月11日の2週間の252人の倍になっています。

新型コロナウイルスは潜伏期間が長いので、感染してから発症まで1〜2週間はかかります。つまり、「東京アラート」を発動した6月2日以降に感染した人が解除した11日以降に発症して検査で判明するので、「東京アラート」は都民に対して警戒の意味は何もなかったことになります。6月24日には55人にまで増加しています。

ところが、11日に、感染が落ち着いたと判断したから「東京アラート」を解除したとして、小池都知事は「アラートの役目を果たした」と評価し、「これからは自らの力で守る自衛の時代。自粛から自衛の局面だ」と述べました。まさに無責任の極みです。「自衛」に頼るのなら、行政は要りません。

東京都の「貯金」が枯渇している

新型コロナウイルス感染拡大防止のために、行政が事業者に営業自粛を求めれば、休業補償をしなければなりません。どの自治体も財源のことを考えますので、容易には自粛要請に踏み切れません。

本来は、国が緊急事態宣言を発令するのでしたら、国がお金の面でも助けてくれればよいのですが、満額支給というわけにはいきません。ゆえに、財源の乏しい県は苦労するのです。今回は臨時交付金が拠出されました。

通常は、地方交付税交付金や補助金という形で、国から地方にお金が流れます。東京都は財政的に豊かな自治体で、国から交付金を受け取っていません。これを地方交付税不交付団体と呼びます。その必要がないほど、多くの税収が入ってくるのです。

都の税収の約35％を占めるのが、法人住民税と法人事業税です。これを法人二税と称します。東京には、大企業をはじめ多くの企業が活動しています。そこで、好景気のときには、この法人二税の収入が上がり、都の財政は潤沢になります。

しかし、逆に不景気のときには、企業は儲かりませんので、法人二税の税収は激減します。まさにジェットコースターのように上下する極めて不安定な構造なのです。そのため、好況のときに貯蓄し、不況に備えておかなければなりません。この貯金のことを財政調整基金と言います。

石原慎太郎、猪瀬直樹両知事に続いて、私も貯蓄の積み増しを図り、約９５００億円を積み立てました。約1兆円ですから、巨額の貯金です。また、都の借金（都債）を減らす努力もしました。

ところが、緊急事態宣言が発令された3日後の4月10日、小池都知事は営業自粛要請の対象となる事業者に「感染拡大防止協力金」と称して、50万円、２店舗以上を所有する場合には１００万円支給するという大盤振る舞い政策を打ち上げたのです。何人の事業者を対象にするかも決まっておらず、財源のことも考えずに、このような対策を口にするような知事は他にはいません。

これまた、人気取りのパフォーマンスです。そして、それは９５００億円の財政調整基金があるからできる離れ業なのです。後に、実際に計算してみると９６０億円ということになりましたが、驚くべき出費です。結局、その他の施策も含めて、東京都のコロナ対策費は１兆４６５億円にも上りました。そして、そのほとんど、つまり９０００億円分を、この財政調整基金から賄ったのです。

２０２０年度の都の予算は一般会計で７兆３５００億円、特別会計などを合わせると15兆４５００億円になります。１兆４６５億円というのは、一般会計の７分の１に当たりますので、いかに大きな額かがよくわかると思います。

９５００億円の積立金のうち９０００億円を使ってしまいましたので、５００億円を残すのみという状況になっています。小池パフォーマンスは都民にとって高くついています。第二波の到来で、今後さらにコロナ対策に費用がかかれば、財政はますます苦しくなります。

コロナの影響で、経済は減速し、法人からの税収増を期待することはできません。都の財政が火の車となることは目に見えています。再選のために大盤振る舞いして、選挙に勝ちましたが、当選後には財政再建という課題が重くのしかかってきます。コロナ収束後も1～2年は景気が良くなることはないでしょう。税収減の穴埋めは、増税か支出カットか借金しかありません。

それに、東京五輪は延期して開催しようが、中止にしようが、前者の場合には追加費用が、後者の場合には賠償金などがかかります。数千億円の規模になると思います。小池再選戦略のツケは大きなものとなるでしょう。

小池都知事の学歴詐称問題

先述しましたが、ここ数年話題になっている話に、小池都知事の学歴詐称問題があります。これは『女帝　小池百合子』（文藝春秋社、2020年5月）の著者である石井妙子やカイロ・アメリカン大学に留学し卒業した黒木亮らが指摘しています。要するに、小池都知事が、「1976年にカイロ大学文学部社会学科を卒業した」というのは、嘘で、卒業証書も偽造されたものだという話です。特に現地で勉強し、アラビア語も堪能な黒木が示す証拠には説得力があります。

ところが、カイロ大学は、彼女が正規に同大学を卒業したという声明まで出したのです。ただ、彼女の学業成績などがわかる当時の正確なデータは全く出していません。そもそも卒業論文もなしに卒業できるはずはないのです。

私は、若い頃パリ大学やジュネーブ大学で研究活動を行いましたが、大学にはすべての資料が残っています。要するに、日本の有力政治家とのコネが役に立つという政治的計算から、エジプト政府が傘下のカイロ大学に偽証させた可能性が高いと考えるべきでしょう。

平気で嘘がつけるというのは、ある意味で政治家としては優れた資質かもしれませんが、学歴詐称は公職選挙法違反の犯罪なのです。ところが、不思議なことに、日本のマスコミは、この重大な問題について、一切口をつぐんだままです。民主主義社会とはほど遠いタブー社会、日本の嫌で怖い側面です。

トランプ大統領と小池都知事の共通点

アメリカでは、ボルトン前大統領補佐官によるトランプ暴露本が大きな反響を呼びました。

ボルトンの回想録によると、トランプは政策については全く理解しておらず、支持率を上げ、再選されるのに何が有利になるかしか考えていないというのです。金正恩との米朝首脳会談にしても、会談の内容よりも、写真を撮ることのほうが重要だったそうです。

その指摘は、実は小池都知事にも当てはまります。政策についての理解よりも、派手なパフォーマンスと英語を交えたスローガンを乱発して、マスコミの注目を浴びることに重点を置く都政運営を行っているのです。しかも、そこには多くの嘘や誇張がちりばめられており、科学的、データ的に間違っていても、そんなことは気にしません。矛盾の塊であっても、訂正することなく、移ろいやすい有権者が忘れるのを待っています。

そして、平気な顔で、以前に言ったことと全く異なることを提案するという厚顔無恥なことをやってのけます。

マスメディアもその矛盾を指摘することなく、彼女のパフォーマンスのお先棒を担ぎ、宣伝をします。いわば、小池都知事の共犯者であり、過去の報道の誤りを訂正することもありません。こうして、都政の重要事項が、ワイドショーで消費される材料となってしまいます。視聴率さえ稼げれば、彼女の嘘もあたかも真実であるかのごとく伝えるのです。

カイロ大学首席卒業という学歴詐称問題に沈黙を守り続けるのとは対照的な姿勢には唖然とします。

小池氏との出会い

小池都知事の学歴詐称問題について、私自身が知っていることを記しておきます。私は、フランス、スイス、ドイツなど、ヨーロッパ諸国での勉強を終えて、1978年に帰国しました。そして、母校の東大で教鞭を執りながら、執筆活動やテレビ出演なども行っていました。

１９８１年にフランスで社会党のミッテラン大統領が誕生し、日本でもフランスの政治に関心が高まりました。そこで、専門家である私に解説などの仕事が多数舞い込んできたのです。その一つとして、竹村健一のテレビ番組にも呼ばれ、そこでアシスタントとして活躍していた小池百合子を紹介されました。

「エジプトのカイロ大学を首席で卒業した」才媛ということでしたので、凄《すご》い人がいるものだと驚いたものです。彼女は、１９８２年には、『振り袖、ピラミッドを登る』（講談社）という本を出版しましたが、私も本人のサイン入り著書を頂戴しました。

残念ながら、現物は手元には見つかりませんが、その本の略歴には「１９７１年、カイロ・アメリカ大学・東洋学科入学（翌年終了）。１９７２年、カイロ大学・文学部社会学科入学。１９７６年、同卒業」とあります。その本も読み、ますます素晴らしい女性だと唸《うな》ったものです。

私は、１９７０年代にパリ大学の大学院に籍を置いてフランス現代史の研究を行っていましたが、フランスの博士号には「国家博士号」と「大学博士号」の２種類がありました。後者は、旧植民地のアフリカ諸国などから留学する学生用に、少し審査基準を緩くした博士号です。前者は全く格が異なり、完璧なフランス語で高度な内容の博士論文を書かねばなりませんが、合格するとフランス国籍を取得できるくらいに価値の高いものなのです。

ヨーロッパから帰国したばかりの私には、外国の大学で、母国語でない言葉を操って首席で卒業するというのは、想像を絶することでした。驚愕《きょうがく》する私に対して、彼女は笑いながら、「首席で卒業したというのは、学生が一人だったからなの」と説明したのです。

彼女はカイロ・アメリカン大学での語学研修を1年で終了し、カイロ大学の2年に編入。アラビア語を使って勉強し、トップで卒業したという触れ込みでした。実はカイロ大学への編入も、父親のコネを使ったものだったそうですが、不正が横行するエジプトではよくあることのようです。

私も、グルノーブル大学でフランス語に磨きをかけた後、パリ大学に移りましたので、語学研修→専門分野の本格的な勉強というコースは理解できます。私の場合、パリ大学大学院への正式登録が既に終わっていましたので、少しでもパリでの勉強が捗《はかど》るように、夏休みの7、8月を語学研修に充てたのです。

小池氏が自ら掲げる略歴のうち、「カイロ・アメリカ大学・東洋学科」の「東洋学科」は存在しません。

もちろん、当時の私がエジプトに詳しいわけでもなく、どのような学科が存在するかなど、知りようもなかったことです。また、「学生が1人」というのも、発展途上国の大学ならそんなこともあるのかと思い、彼女の言葉を信じたのです。

経歴詐称が国政復帰に影響する可能性

しかし、「学生が1人だけ」というのも、真っ赤な嘘であることは次に引用するように、後に彼女自身が記者会見で否定しています。また、「首席」というのも虚偽でした。

2018年6月15日の都知事記者会見では、小池氏は次のように説明しています。

＊　＊　＊

【記者】では、首席で卒業されたということは、はっきりと断定はできない、難しいというところがあるということでしょうか。

【知事】非常に生徒数も多いところでございますが、ただ、先生から、「非常に良い成績だったよ」とアラビア語で言われたのは覚えておりますので、うれしくそれを書いたということだと思います。

＊　＊　＊

この会見では、「首席」ということを事実上否定しています。さらに問題なのは、「非常に生徒数も多い」と述べていることです。私には、「学生は1人だった」から「首席」だと説明していたのです。

これは、私の聞き間違いでも、記憶ミスでもありません。私は、日本人の中ではフランス語能力は高いほうだと思います。妻がフランス人だったので毎日フランス語しか使っていませんでしたが、それでも、パリ大学で私は首席に絶対になれないことを痛感しました。フランス語が母国語ではないからです。理数系ならともかく、文化系は言葉が勝負ですので、無理なのです。

「才媛」小池氏と凡人の自分を比べて、内心忸怩《じくじ》たるものがあったからこそ、今でも、その当時の彼女の説明を昨日のことのように明確に覚えているのです。

40年近く、私は嘘の説明を信じ込まされていたのであり、彼女の言を信じていただけに、不愉快です。個人的な感情はさておき、学歴などについて嘘をつくことは、公職選挙法上の虚偽事項公表罪に相当します。

都知事選挙が始まる前に、カイロ大学が1976年に小池氏が同大学を卒業したという声明を出しましたが、これは政治的な工作であり、ますます疑惑が深まります。彼女が国政の場に復帰し、政権に参画すれば、日本外交は成り立たなくなります。

東京都は都市外交は可能ですが、国の外交は政府の専権事項です。国会議員、閣僚経験者が学歴詐称という弱み、いわば〝恥部〟をエジプト政府に握られているのです。もし小池都知事が国政に復帰すれば、国家安全保障に関わる由々しき問題が起こります。

都知事として再選されても、黒木らが呈した学歴に関する疑問にきちんと答えないことは、彼女の国政復帰の道を完全に閉ざしたことを意味します。

40年以上にわたって嘘をつき続けてきたことの代償は、彼女にとっても大きなものとなるでしょう。

私との「熱愛」報道の嘘

ところで、私との「熱愛」報道も笑って済ませればよい話ですが、嘘はやはりきちんと指摘しておいたほうがよいので、ついでに書いておきます。石井妙子『女帝　小池百合子』や、それに依拠する『週刊文春』（２０２０年６月４日号）です。

２０２０年5月24日（日）、『週刊文春』の記者が、小池都政についての評価を聞きたいとして私の自宅に取材に来ましたので、データまで示してきちんと対応しました。ところが、取材の最後に、石井氏の著書の間違った内容を基にして、小池氏との「熱愛」について質問されたので、事実誤認を正しておきました。

ところが、発売された記事には、多くの時間を費やした小池都政についての私のコメントは一行もなく、「熱愛」関係の嘘のみが書かれていたのです。これで「取材した」と言われたら、どんな捏造《ねつぞう》でも可能になります。要するに、件《くだん》の「熱愛」記事は、文藝春秋社が出版元の石井氏の著書を売らんがための宣伝工作だったのです。

この記事や石井氏の著書には、私が前妻と離婚した１９８９年頃に彼女が私を結婚相手として付き合っていた、そして、竹村健一氏の別荘でパーティーを開いてそのことを披露しようとしたと記されています。これは全く事実と異なります。

彼女が失恋のエピソードについて関西のテレビで語った言葉が引用されており、その失恋相手が私だと書いてありますが、それも事実誤認です。

私は、１９８６年に前妻と結婚してから、小池氏と私的に会ったことは一度もありません。それなのに、私が１９９０年に購入した北海道の別荘で彼女と「週末を過ごした」と記されています。時系列からしても不可能なことなのです。

テレビで顔を知られている二人が、足繁《しげ》く週末にプライベートで羽田空港と千歳空港を一緒に往復すれば、それこそ週刊誌のスクープ記事になっていたでしょう。

そもそも、この別荘は現地の白老町の人々が管理しており、常に多くの町民が私と一緒にいました。私の一挙手一投足が町民に見られていたと言っても過言ではありません。私が誰を連れてきたかは、町長をはじめ、町民たちが全て知っています。不確かな他人の噂などに依拠するのではなく、現地に足を運んで取材すればすぐにわかることなのです。

ちなみに竹村の別荘での「披露パーティー」については、竹村から、小池や私などの番組関係者が彼の箱根の別荘に招待されただけであり、1980年代初めのことです。

アラビア語のレベルは日本人にばれない

次に、小池氏がエジプトから帰国した後、メディアがどのようにして彼女の虚像を拵《こしら》えていったかを書いておきます。あくまでも、私が知っている1980年代前半の話です。

私は、欧州留学から1978年に帰国し、東大助教授として母校で教鞭を執っていました。テレビでは、最初はNHKの教養番組でフランスの歴史や政治について解説していましたが、先述したように、1981年5月にフランスに社会党のミッテラン大統領が誕生してから、国際政治の解説者として民放にも出演するようになりました。小池氏と初めて会ったのは、その頃のことです。

テレビ局は視聴率を稼ぎ、出版社は部数を伸ばすために、セールスポイントを探します。フランス社会党の私の友人が二人、ミッテラン政権の閣僚に就任しましたが、私の

「実力」を誇張するために、そのことをメディアは大きく取り上げるのです。小池氏の場合、最大の売り文句が「カイロ大学首席卒業」だったのであり、彼女はそれを武器にして、出世の階段を上っていったのです。

アラビア語を学んだり、エジプトに留学する日本人はごくまれであり、嘘を言ってもすぐにはばれません。アラビア語の専門家によると、小池氏のアラビア語能力は中学生以下ということです。

フランス語となると、そんなわけにはいきませんし、少ししゃべらせてみれば、本当に語学力があるのかどうかはすぐにわかります。そのフランス留学組の私でさえ珍重するマスコミだったのですから、「カイロ大学首席卒業」の才媛を放っておくはずはありません。

40年前の話ですが、当時から平気で嘘を言っていたのだと再認識させられました。自己に有利になれば、真実などどうでもよいと開き直れる度胸は、〝fake news〟と叫んで相手を罵倒するトランプ大統領も顔負けです。

平気で嘘を貫けるその態度が、先述した築地市場移転問題や五輪施設移転問題など、都政運営でも限りなく発揮されていることを忘れてはなりません。

小池都知事は、ベンゼンなどの有害物質が検出された（実は全く問題のないレベル）として、マスコミに大騒ぎさせるなど、自分の支持率アップに使いました。科学を無視し、嘘も真実にしてしまう政治手法です。

都議会の百条委員会には石原元知事、浜渦武元副知事、元東京ガス幹部らが証人として喚問され、サーカスのような一大イベントに仕立てあげられましたが、何も新しい事実は出てこず、豊洲用地の売買をめぐる「疑惑」も解明されませんでした。前任者たちを糾弾し、自分の得点をつり上げるという得意のパターンです。

築地残留希望組は、豊洲移転が決まってしまい、しかも築地再開発の展望も不明な現状に、裏切られたと感じ、怒り心頭です。しかし、前言を翻しても平気な小池氏には、まさに「蛙《かえる》の面に小便」なのです。

平気で学歴を詐称する態度は、小池百合子という政治家に一貫する政治手法だと言っても過言ではありません。

第2章　東京は100年輝くはずだった

そもそも築地はどのような場所か

小池都知事が巻き起こした豊洲騒動で、豊洲市場への移転が2年も遅れ、築地市場跡をどのように開発するかの明確な青写真を書くのが遅れています。

まず、築地の歴史について見てみましょう。

江戸は、徳川家康が幕府を開いて以来、埋め立てで大きくなった町です。現在も埋立てが続いていますが、1600年頃は今の日比谷公園あたりが波打ち際だったのです。

その江戸で、明暦3年（1657年）に、浅草御門南にあった西本願寺が「明暦の大火」と呼ばれる大火事で焼け落ちてしまいました。そこで、別の場所に移転させるために、鉄砲洲と呼ばれる海辺を埋め立てて代替地をつくったのです。これが築地です。その字の通り、「築地」とは築かれた土地、つまり埋め立て地という意味なのです。

そして、江戸時代が終わり、明治維新になると、この鉄砲州築地には外国人居留地や海軍省などの海軍施設（海軍造兵廠《ぞうへいしょう》）が置かれました。海軍施設跡地であるということから、兵器などが埋められているかもしれません。

　また、第二次大戦後は占領軍が進駐しましたが、一時期、米軍のドライクリーニング工場があり、土壌が洗濯用の有機溶剤で汚染されている可能性があるそうです。このことは、２０１７年2月28日に、東京都によって公式に発表されました。

　さらに、築地には、江戸時代に松平定信邸など複数の藩邸がありましたので、土を掘り返していけば、当時の遺跡・遺品が出土することが考えられます。そうなると、文化財保護の観点からも埋蔵文化財調査が必要になってきます。

築地を最高の「デートスポット」に

　このように、築地の地下にはさまざまな問題が眠っており、開発には相当の時間と労力が必要になります。深刻な土壌汚染が明らかになれば、豊洲騒動の二の舞になってしまいます。そのため私は、都の技官たちに「築地市場の跡地利用は手間がかかるぞ」と言い続けてきました。

　私は、とりあえず築地の跡地は、２０２０東京オリンピック・パラリンピック開催のために、駐車場として活用する方針を固めていました。それは、選手やスタッフや観客らの移動のために、何百台もの大型バスを稼働させねばならないからです。そのためには広大な駐車場が必要です。いわば、五輪の車両基地として活用するというものです。警視庁も数カ月の間ですが、それがなければ、都内の至る所で交通渋滞が発生します。そのことを心配しており、それも考慮に入れての判断でした。

そこで、まさに「臭いものに蓋をする」ではありませんが、築地の跡地をコンクリートで覆い、数カ月間だけ駐車場として活用することに決めたのです。

そして、東京オリンピック・パラリンピックが終わったら、長期的な築地再開発プランを策定し、夢と希望にあふれた街づくりをしようと考えたのです。

東京ドーム5個分の広大な築地市場の跡地利用については、さまざまな企業や組織が、都知事である私の許に陳情や提案にやって来ました。それでも私は、「都心の一等地である築地は都民の幸福のために使うべきで、一企業に便益を図ってはならない」と決めていました。また、担当職員にもそのことを厳しく注意しましたので、利権を求める者たちにとって私の存在は邪魔だったかもしれません。

私は、東京を世界一の都市にするため、築地を最高のデートスポットにしようと、大きな夢を描いてきました。築地は、銀座から地下鉄で5分以内、海に面しており、また羽田空港も近くにあります。まさに、陸海空の接点になっている、極めて恵まれた地です。

できれば、これまでの東京に欠けていたものを築地に実現させることが必要だと思いました。世界の大都市には、文化の殿堂元としてオペラ劇場があります。それは、いわば都市の顔になっています。パリのオペラ座、ミラノのスカラ座、ブエノスアイレスのコロン劇場、シドニーのオペラハウスも有名です。

日本でオペラ公演ができるのは新国立劇場のみですが、外見的にも、上記のような世界のオペラ劇場に匹敵するものではありません。そこで、築地に東京の顔となるオペラ劇場を建設するのはどうでしょうか。イメージとしては、海辺にそびえ立つシドニーのオペラハウスがあります。夜もライトアップされて、モダンな建物が浮かび上がっています。

また、東京にはナイトライフがないと言われます。大人が東京の夜を楽しむ機会が少ないのです。芝居もコンサートも、夜9時半くらいには終演です。その後、レストランなどで食事をしようにも、9時半がラストオーダーという店が多いのです。

若い頃はパリで人生を謳歌しましたが、夜8時頃に始まる演奏会や舞台は11時頃に終わります。それから、レストランで、音楽や芝居の感想を語りながら食事を楽しみます。パリは、東京に比べて小さな都市ですので、地下鉄で30分以内に帰宅できます。

一方、東京ではこういうわけにはいきません。コンサートなどは、夕方6時半頃に始まり、9時半頃には終わりますが、それは郊外に住む人の帰宅の足を考えてのことだと言います。東京は面積的にも巨大な都市です。それなりに家賃も高いので、経済的に負担の少ない郊外に住みますと、都心の職場から片道1時間半〜2時間通勤にかかることになります。何本も電車を乗り継いで、最終駅からはバスという例だと、やはり夜10時頃には、都心を出ないと深夜までには自宅に帰り着かないことになります。

話を築地に戻しますと、私が描いていた青写真は、まず世界に誇る東京オペラ劇場で世界の一流のオペラを堪能します。終わるのが夜10時半。その後、築地港からナイトクルーズで東京湾に出てディナーを楽しむのです。素晴らしい夜景を楽しみながら、おいしい料理を味わえば幸せな気分になります。

下船しても、まだ地下鉄も動いていますが、都内の交通機関の終電時間をもっと遅くするのも一つの手だと思います。ナイトライフを楽しむ人が増えれば、深夜の公共交通機関に対する需要も高まると思います。日本人のみならず、世界から集まる観光客にとっても、東京の魅力がますます高まることになると確信しています。

オペラ劇場建設、ナイトクルーズでのディナーというのは一つのアイデアですが、都民や国民や外国人の声も聞いて、衆知を集めて、築地の再開発を進めることが必要だと思います。まさに「万機公論に決すべし」です。

公約を反故にする方針を策定

小池都政になってから、2017年9月に「築地再開発検討会議」が設置され、何回かの検討会議が開かれた後、2019年3月に「築地まちづくり方針」が策定されました。

内容は、ＭＩＣＥ（国際会議場など）を中核として、東京ブランドを創造し発信する、先端技術、スポーツなどの機能が複合された拠点にするというものです。４つのゾーンに分け、①交流促進ゾーン（集客・交流施設）、②おもてなしゾーン（ＭＩＣＥ、ホテルなど）、③ゲートゾーン（交通ターミナル・防災）、④水辺の顔づくりゾーン（水辺のにぎわい）となっています。

ＭＩＣＥとは、Meeting（会議）、Incentive Travel（研修旅行）、Convention（国際会議）、Exhibition/Event（見本市・イベント）の頭文字を組み合わせた造語ですが、１９８０年代のバブルのときにもてはやされた構想です。

今はインターネットの時代です。ＭＩＣＥに対する世界の需要は激減しています。23万㎡という面積は、ＭＩＣＥの先進都市であるフランクフルト、ミュンヘン、シンガポールなどに比べて狭く、これらの都市との国際競争に勝つことはできません。

この小池構想は、旧来の考え方を踏襲した役人がまとめたものなのでしょう。何の独創性もなければ、時代を先読みする先見性にも欠けています。構想が中核とするＭＩＣＥが時代遅れであれば、築地の再開発は意味のないものになってしまいます。

しかも、豊洲騒動を起こしたとき、築地残留組を慰撫《いぶ》するために、小池都知事は、2017年6月に「築地は守る、豊洲を生かす」と中途半端な発言をし、築地を「食のテーマパーク機能を有する新たな市場として東京を牽引する一大拠点とする」と明言しました。ところが、「築地まちづくり方針」には、「食のテーマパーク」の話は一切含まれていません。公約など簡単に反故にするのが小池流なのです。要するに、都議選を前にして、築地残留組からの票が欲しかっただけのことです。

都市計画の先人①　オスマン男爵

都市は造っていくものです。農業と同じで、人間がしっかりと管理しなければ、大きな実りは期待できません。施肥《せひ》、雑草取りなど大変な手間暇がかかっています。都市も、無造作に大きくなるのを放っておいたら、快適に人間が住める場所にはなりません。しっかりと管理して、都市の発展の方向付けをする必要があります。これが都市計画です。

都市計画の先達として私が尊敬するのが、フランスのジョルジュ＝ウジェーヌ・オスマン（Georges-Eugène Haussmann、１８０９〜１８９１）と日本の後藤新平（１８５７〜１９２９）です。

オスマンは、19世紀のフランスでパリを改造した政治家です。１８５２年にナポレオンの甥、ルイ・ナポレオンがナポレオン三世として皇帝に即位しますが、オスマンは１８５３年にパリ市を含むセーヌ県の知事に任命されます。彼は、１８７０年までの在任中に、パリの大改造を行いますが、パリの人口は、１８６６年には２００万人を突破し、都市改造が急務となっていたのです。

当時のパリは、狭い路地が入り組んで建物が密集し、太陽の光が入らず暗い場所が多かったのです。道路にはゴミや糞尿が投げ捨てられ、不潔で、コレラなどの伝染病が発生していました。

この状況を抜本的に改善するために、オスマン男爵はパリの都市改造を断行することにします。

眼目は、狭苦しくて曲がりくねった道を幅の広い直線の大通りに変えていくことです。これが、フランス語でブルバール（boulevard）と呼ばれる大通りです。凱旋門のあるエトワール広場から同心円状に道路が走り、広場から12本の道路が放射線状に延びています。

パリで生活するようになってから、自分で運転して混雑したこの広場に入って、12本のうちの1本の道路に出るのに大変苦労しました。しかし、整然としたパリの街路は、散歩にも運転にも快適でした。

道路を拡張することは、太陽の光と風を街の隅々にまで届けることを意味します。それは、衛生面からも重要なことで、清潔で明るいパリになりました。スラムもなくなり、街灯の数も増えて、夜でも明るい街並みを保つことができるようになったのです。

さらに、道路の整備は物流の面からも大きな成果となり、経済の発展に寄与しました。建物の高さも一定に制限され、街の景観を保つことができるようになりました。アパルトマンという集合住宅が6～7階建てに制限されており、それがユトリロや佐伯祐三らの絵にも描写されています。

また、オスマンは、上下水道を整備し、各家庭に給水できるようにしました。地下の下水道のおかげで、糞尿が道路に捨てられることもなくなり、伝染病の予防にも役立ちました。学校や病院も整備され、教育向上、保健衛生推進の面でも大きな進歩につながったのです。

プランタンなどのデパート、ルーブル宮殿、オペラ座などが建設されたのも、このオスマンのパリ改造のときです。現在のパリは、オスマンの都市改造が生み出したものと言っても過言ではありません。その後、自動車の普及によって交通渋滞など、新たな問題が生じ、それに対する対応策も必要になっています。しかし、都市の景観を19世紀半ば以降、しっかりと保ってきたパリの努力には見倣うべきものがあると思います。

ちなみに、1848年の二月革命のときには、反政府勢力は路地裏にバリケードを築いて戦いましたが、オスマン男爵のパリ改造で大きな街路になったために、もはやバリケードなど無理になったのです。幅が70メートルで、片側5車線もあるシャンゼリゼ通りに立てば、そのことがすぐにわかります。

1870年の普仏戦争でフランスが敗退し、翌年の3月、パリでは労働者たちがパリ・コミューンと称する社会主義政権をつくりましたが、わずか2カ月で政府軍に鎮圧されます。それは、オスマンの改造の結果、バリケードがつくれなかったことも一因だと言われています。

しかし、私がオスマンを尊敬するのは、馬車しか走っていなかった時代に、幅員70メートルものシャンゼリゼのような大通りを計画した先見性です。これをグラン・デッサン（grand dessin、グランド・デザイン）と呼びます。遠い将来を見越した壮大な計画を立案する能力です。

都市計画の先人② 後藤新平

日本では、関東大震災の後に、内務大臣兼帝都復興院総裁として、東京の復興に尽力した後藤新平のことを忘れるわけにはいきません。

後藤は、「大風呂敷」と称されたように、スケールの大きい都市計画を持っていましたが、それはオスマン男爵のパリ改造を真似たものでした。当時としては、国家予算1年分に匹敵する巨額な13億円という予算を提案したのですが、5億7500万円しか議会で承認されませんでした。これを今の水準にすれば、100兆円を提案して45兆円が認められたということです。昭和通り、靖国通り、明治通りなどは、後藤がつくった大通りなのです。

明治は薩長の跋扈《ばっこ》する藩閥政治の世の中ですが、後藤は、逆賊である東北の岩手水沢藩士の家に生まれました。出自からして出世を諦めなければならないような状況の下、チャンスを生かして、医師の道を目指し、やがて衛生官僚となって、政治や行政の道に入っていきます。朝敵であり、虐げられてきた境遇が、反骨精神を育てたと思われます。日清戦争に際して、検疫事業に全力を挙げ、戦地から日本兵が持ち帰る伝染病の伝播《でんぱ》を最小限に抑えることができました。このときに、陸軍の児玉源太郎の知遇を得て、その権力を背景に検疫の対象となることを嫌がる軍人を抑え、水際作戦を成功させたのです。

新平の頭にあったのは、あくまでも日本を病原菌から守るという、「公共の思想」であり、パブリックを大事にするということでした。

次いで、この児玉・後藤のコンビは、乃木希典をはじめとする先輩たちが失敗した台湾経営に乗りだします。台湾総督府民政長官として、後藤は、現地の風俗習慣を尊重することによって、この難事業を成功へと導くのです。

その後、後藤は、初代総裁として満鉄の経営にも関わっていきます。その社是は、「文装的武備」であり、台湾統治の際と同様に、現地の習慣を尊ぶことにしたのです。満鉄の広軌化、長春市の都市計画など、後藤のグラン・デッサンが発揮されます。

その後、後藤は、内相、外相に就任し、政治家としての階段を着実に上り、東京市長にも就任します。1923年4月には退任しますが、その半年後に関東大震災が発生します。新平は、内務大臣兼帝都復興院総裁に就任し、国家予算の2倍もの復興予算を計上する大計画を立てました。しかし、さまざまな反対に遭い実現しませんでした。もし実現していたら、その後の日本の進路は大きく変わっていたでしょう。

台湾での統治や満鉄の経営で培った経験が、震災後の東京を復興する計画にも生かされます。後藤は、「復旧」ではなく、「復興」だと断言し、古い東京の街を徹底的に区画整理することにします。

もう少し詳しく後藤新平の帝都復興計画を見てみましょう。1923年11月24日に、帝都復興審議会に後藤が上程した「復興計画案」によると、要項に6点を列挙しています。

それは、①街路の規格および線路の系統、②公園の配置、③市場の配置、④市街宅地割の整理、⑤防火装置、⑥京浜の関係ならびに港湾および運河の施設となっています。

代表例として、①の街路整備について取り上げますが、後藤が参考にしたのが、オスマン男爵のパリ改造です。新平は、エトワール広場（凱旋門）から伸びる12本の放射線道路、そして広場と同心円の道路、それと同様なものをつくろうとしました。しかし、日本では私的財産権が強く、明治憲法下でも、オスマンが実行したような強制的な土地収用ができませんでした。

それでも、環状道路としては明治通り（環状5号線）、東西軸としての靖国通り、南北軸としての昭和通りは、そのときに建設されました。しかし、たとえば、昭和通りは、中央や車道と歩道との間に緑地帯を持たせ、108メートルの幅員にするつもりでしたが、その案は広すぎるとして受け入れられませんでした。

ここが、馬車しかなかった時代にシャンゼリゼのような大通りの建設が可能だったフランスと日本の違いです。グラン・デッサンがあるかないかですが、ナポレオン三世下の帝政と、議会が機能した明治憲法体制の違いもあります。

しかし、新平には将来を見通した先見の明があり、グラン・デッサンがありました。たとえば、車社会の到来について、「私が自動車の数が震災後において倍以上になると書いたのに、誰も見出した者はない、信じた者は誰もいなかった。それがそもそも迷走のはじめである」と述べています。（後藤新平『世紀の復興計画』、毎日ワンズ、2011年、103ページ）そして、都市計画についての人々の無知を嘆いています。「復興計画を進めていく上で、都市計画に対する無知と闘うことが、最も困難であったからだ。市民のイグノランス、当局のイグノランス、その無知がいかに害をなしたか」と断言しています（同、97ページ）。

都市の更新は30年周期で行われている

新築の家も、20年も住むと古くなって、改造したくなります。それは、新しい建築資材が登場して、旧来のものよりも格段に快適になったり、高齢の親が車椅子が必要な体になって段差が邪魔になったりするためです。後者はバリアフリー化ですが、家族構成の変化などもリフォームへの要求につながります。こうしてリフォームを済ませると、また20～30年は問題なく住めるようになります。

都市についても、全く同じことが言えます。30年に1度はリフォームすることを忘れなければ、100年は輝き続けることができるのです。これが、私のグラン・デッサンの基本的な考え方です。

そして、東京のリフォームを担う主体として、官だけではなく民も参画させること、さらには規制緩和という手段を使って都民の税金をなるべく使わないこと、この2つを基本方針としたのです。

具体的に見てみましょう。

イメージとしては、東京の街のどこかで常にリノベーションが行われている姿です。ただし、それは無秩序に工事を行うのではなく、一定の方針に基づいて、都内に複数あるビジネス中心街を持続的に更新するのです。

100年後を展望した都市計画を策定するには、30年ごとに建造物、交通などのインフラをチェックして更新することが必要です。それを確実に実行することこそ、都市機能を進化させ、100年維持できる街づくりにつながるのです。新宿→大手町・丸の内・有楽町（大丸有と略称）→渋谷→品川と時期をずらして、次々と更新していきます。そして、家と同じで、リフォームして30年経ったら、また点検して新たなリフォームを行うのです。

開発が進んでいる地区、進まない地区

実際に過去の都市機能更新の歴史を振り返ると、ほぼ30年の周期で行われてきたことがわかります。

2020年現在の東京では、渋谷と東京駅周辺などで工事が進んでおり、街の様子が大きく変わろうとしています。

スクランブル交差点で世界的に有名な渋谷では、渋谷スクランブルスクエア、渋谷ヒカリエ、渋谷ストリーム、渋谷フクラス、渋谷ソラスタなどがすでに完成しており、高

層ビルが増えています。渋谷駅も改造され、乗り換えなどが便利になっています。

工事が最終的に終了するのは２０２７年です。30年周期説でいきますと、２０５０～60年頃には、また再開発が必要になってきます。

ところで、私が力を注いだのは、文部省唱歌「春の小川」で有名な渋谷川の再生です。下水処理水を使って川を再生したのですが、その後の開発が進んでいません。この川沿いをデートコースになるようなおしゃれな散歩道にしようと計画しました。カフェ、レストランなどが軒を連ね、テラスで川のせせらぎを聞きながら飲食ができるようにと思っていました。しかし、小池都政になってから、まだ川沿いの賑わいが生まれるところまでは至っていません。残念なことです。

東京駅周辺も大きな変貌を遂げています。丸の内駅前広場が整備されて東京の顔ともいうべき東京駅がさらに素晴らしくなりました。八重洲口駅前も整備されましたし、周辺の再開発も進んでいます。

このプロジェクトが完了するのが２０２３～24年頃になる予定ですが、東京五輪に間に合うように、日本最大級の地下バスターミナルを前倒しで整備することを決めました。

このバスターミナルは、東京駅と国際空港・地方都市とを結ぶ重要な拠点となりますし、また選手村とはBRT（Bus Rapid Transit）で結ぶ計画にしています。

このように、丸の内大手町地区では、再開発が進んでいます。東京駅前3ヘクタール超の大規模複合再開発である「常盤橋街区再開発プロジェクト」です。その一つは高さ390メートルの超高層タワーで、これは東京の新たなランドマークとなると思います。大阪のあべのハルカスを超える日本一の高層ビルです。完成するのは2027年度ですが、東京駅周辺は大きな変貌を遂げた新しい街になっているでしょう。

日本の大動脈である東海道新幹線の主要駅である品川駅周辺は、羽田空港にも近く、世界と日本各地をつなぐ交通結節点です。そこに新しい大動脈であるリニア中央新幹線の始発駅としての役割が加わることで、さらなる発展が見込まれています。

この品川地区でも開発プロジェクトが動いています。2020年3月には、JR山手線の田町駅と品川駅の間に「高輪ゲートウェイ」という新駅も開業し、「グローバルゲートウェイ品川」という国際交流拠点づくりが始まっています。海にも近く、多くの可能性を秘めた再開発になると思います。

虎ノ門地区でも再開発が進んでいます。２０１４年3月29日、環状2号線の新橋・虎ノ門間の１・４キロが開通しました。終戦直後の１９４６年に都市計画として定められてから、68年の歳月を経て、やっと開通したもので、もともと、連合国軍総司令部（GHQ）が虎ノ門から東京湾岸までの軍用道路を計画していたという説もあって、「マッカーサー通り」とも呼ばれていました。

この再開発の特徴は、規制緩和として導入された道路の上下空間にも建物を建築できる立体道路制度を活用したことです。この年6月に開業した虎ノ門ヒルズの地下を道路が通過していることは、よく知られています。

道路については、広域交通を担う地下トンネルと地域内交通を担う地上部道路からなっていますが、地上部では、自転車道や幅13メートルという広い歩道を整備し、東京都としては初めての本格的なオープンカフェなどを展開する計画を立てました。

パリのシャンゼリゼ大通りに匹敵するような、楽しく、国際色豊かで、活気に満ちたプロムナードにするというのが、私の計画でした。そこで、この東京シャンゼリゼ計画も、国家戦略特区の重要なプロジェクトの一つとして位置づけましたが、私が都知事を辞めてからは、全く前に進んでいません。

虎ノ門ヒルズ周辺では、虎ノ門一丁目地区や愛宕地区などの複数の大規模プロジェクトが計画されています。2020年6月6日には日比谷線の新駅「虎ノ門ヒルズ駅」が開業しました。その結果、地下鉄に加えて、BRTなどのバスターミナルもでき、都心部に新たな交通結節機能が生まれました。

次は新宿だ

これまで見てきたように、渋谷、東京駅周辺、品川、虎ノ門と、次々とリフォーム、つまり再開発が進んでいます。六本木なども、六本木六丁目の再開発で2003年に六本木ヒルズが開業し、防衛庁の跡地に2007年には東京ミッドタウンが開業するなど、街の様子が以前とはすっかり変わりました。

そこで、次にはどの地区を開発すべきなのでしょうか。答えは新宿です。小池都知事は、都市計画や街づくりといったテーマには全く興味も関心もなく、政治的指導力を発揮することもありません。事務方が、細々と作業を続けているというのが、実情のようです。

新宿の開発の歴史を見てみますと、新宿副都心については、1965年に淀橋浄水場が閉鎖され、開発が始まりました。1971年には京王プラザホテルを皮切りに、新宿住友ビル、KDDビル、新宿三井ビルなどの超高層ビルが次々と建造されました。1991年には東京都庁新庁舎が完成し、西新宿の超高層ビル群が生まれたのです。

1996年には、東京メトロ丸ノ内線の西新宿駅が、新宿駅南口にはタカシマヤタイムズスクエアが、初台には東京オペラシティがオープンしました。2000年には、都営地下鉄大江戸線が開通し、都庁前駅、新宿西口駅、東新宿駅が設置されました。この間、まさに約30年が経過したのです。

現在は、1965年から約半世紀が経っており、オフィス街の更新時期が来ています。そこで私は、この新宿副都心を再開発の第一目標として準備を始めようとしました。

都庁舎をはじめ高層ビル群が林立していますが、「遊ぶ」という観点がなく、人のぬくもりが感じられないのです。そこで、公園を含めて都庁周辺の通りをもっとにぎやかにすることを考え、屋台、大道芸人なども呼んでみました。仕事のみならず、遊びや生活の息吹が感じられる地区にしなければ、人は集まらないからです。

都市計画の観点からもう少し具体的に述べてみますと、街全体の中で新宿駅の存在が見えにくい状態になっているのを改善することです。東口の歌舞伎町で遊んでいても、西口の新宿中央公園を散策していても、新宿駅がどこにあるのかわかりません。

これは、東京駅と比べると一目瞭然です。１日に３５３万人という世界最多の乗降客数を誇る新宿駅としては、悲しいことです。この状況を打破し、新宿駅を「新宿の顔」とするために、「新宿グランドターミナル構想」を提示したのです。

この構想を実現させるために、駅に乗り入れている鉄道事業者4社に、新宿駅内に東西自由通路を開通させ、線路上空の東西デッキをつくるように要請しました。そのために、都有地を動かしたり、都市再生特区を活用する腹づもりでした。

東京都では、小池都政の下でも、事務方が新宿区と協力して、事務方の都市整備局が作業を進め、「新宿グランドターミナル構想」を、２０１８年3月には「新宿の拠点再整備方針～新宿グランドターミナルの一体的な再編」という案にまとめています。

その後、都の関連部局と鉄道会社がこの方向で作業を進め、２０２０年７月19日には、東西自由通路が供用開始になりました。東西デッキも２０２０年７月に希望制指名競争入札の手続きに入りました。このデッキ建設と同時に西口、東口の広場が歩行者優先の新しい空間に変わります。

ちなみに、都内の他の地区と異なり、新宿では、デベロッパーではなく鉄道会社が民間の主体となっています。

このように、私の辞任後も新宿再開発が所期の計画通りに進んでいるのはうれしいことです。皮肉を言えば、小池都知事が都市計画に全く興味を持っていないおかげで、彼女からの変な横やりが入らなくて済んだのです。豊洲の二の舞にならなくてホッとしています。

しかしながら、都知事のリーダーシップが全く発揮されていないことは、やはり問題であり、東京は都市計画とは無縁な都市になりつつあります。新宿も、民間が頑張ってくれていることに助けられています。

たとえば、新宿駅西口では、小田急電鉄と東京メトロが「新宿駅西口地区」の大規模再開発を計画しており、駅や商業施設を含む地上48階、地下5階、高さ260メートルの総合施設が生まれます。この開発計画は、都市再生プロジェクトに追加されており、2021年3月開催予定の国家戦略特区会議において、内閣総理大臣認定（都市計画決定）されるように準備が進められています。2022年度に着工、2029年度に竣工する予定です。

また、京王電鉄とJR東日本による駅の開発計画は、2020年秋以降に国家戦略特区会議で、都市再生プロジェクトに追加される予定です。

東口の歌舞伎町では、「新宿TOKYU MILANO再開発計画」が進んでおり、地上225メートルの複合エンターテインメント施設が計画されています。2022年に竣工予定です。

新宿の再開発計画をさらに進めるためには、都知事の強力なリーダーシップが必要なのですが、繰り返しますが、小池都知事は都市計画には全く無知で、興味も持っていません。

現職のお膝元・池袋も更新時期に来ている

池袋も、再開発が必要な時期に来ています。池袋のランドマークであるサンシャインは1978年にオープンしていますので、すでに40年が経っています。しかし、ここでも、都知事の積極的な関与は見られません

豊島区では、「池袋駅コア・ゾーンガイドライン2020」を2020年2月にとりまとめ、地域の再開発の戦略を提示しています。多くの意欲的な計画が盛り込まれています。さらに、現在、「東池袋一丁目地区市街地再開発準備組合」が、池袋駅周辺の再開発を計画しています。そして、駅の東口、西口に街づくりのための組織があり、再開発を進めています。

しかし、いくつかの問題があります。

第一は、都市を構造的に再構築するというグラン・デッサンの視点がないことです。特に、池袋駅を中心にして新しい街をつくるという発想が見て取れません。これが、渋谷や新宿との大きな違いです。官民数々のプロジェクトが上がっていますが、それを総

合する視点を欠いています。

第二に、豊島区の「ガイドライン2020」では、「国際アート・カルチャー都市」を実現することをうたっていますが、それと街づくりがどのように連動するのかが明らかではありません。池袋は、かつて芸術家が集まって、パリの芸術家村を模して「池袋モンパルナス」と称したことがありますので、それを前面に打ち出すのは正解だと思います。そのことによって、新宿、渋谷、大丸有、品川などと差別化できるからです。ただ、都市計画の観点からは、パリの中央卸市場が閉鎖され、その跡地に現代美術の殿堂「ポンピドー・センター」が建設され、パリの一大名所となったのに匹敵するような空間が描かれていません。池袋駅をリニューアルして、美術館ビルのようなものができれば、話題になるし、人も集まると思います。

第三に、再開発のスケジュールが確定していません。いつ着工して、いつ竣工するのかが明らかでなければ、都市計画として具体性を欠くと言われても仕方ありません。

第四に、民間デベロッパーの不在です。新宿や渋谷は鉄道会社が、東京駅周辺は、三菱地所や三井不動産が再開発に関与していますが、池袋では、駅西口の開発に三菱地所が参入しはじめたところで、まだ本格的には動いていません。
そのため池袋も、東京都のてこ入れが必要だと思います。私が都知事であり続けていたならば、新宿も池袋も未来に向かって、もっと大きく羽ばたいていたと思います。

民間との協力と規制緩和

都市改造には、お金がかかります。帝都復興計画を提案した後藤新平の予算要求額は、一年分の国家予算に匹敵します。しかし、その「大風呂敷」は批判に晒《さら》されてしまいました。

国民の税金ですから、議会の承認を得なければなりません。そこで、発想を変えて、できるだけ税金を使わないで、都市のリフォームをすることを考えたのです。

第一は、民間企業との協力を進めることです。東京の都市開発の特色は、官と民が緊密に協力して計画を立て、実行に移す点にあります。これまで概観してきた地域について、具体的に見てみましょう。

渋谷は、東急電鉄のグループがデベロッパーとして動いています。渋谷駅は東横線のターミナルですし、東急デパート、東急ハンズなどの商業施設もたくさんあります。大丸有、つまり、大手町、丸の内、有楽町は、三菱地所や三井不動産が開発に参加しています。虎ノ門・六本木は森ビルや住友不動産が積極的です。

このように、いわばデベロッパーで地域毎の棲《す》み分けができているのです。東京都や国というのは官僚の発想で、創造性やイノベーションでは民間にはかないません。そこで、両者が協力する意義があるのです。

地域を担当する民間のデベロッパーがいないと、都市改造は進みません。その例がお茶の水地区です。文京区には東京大学をはじめ、大学や大学病院などが多数あります。また、千代田区の神田は古本屋街として有名です。

そこで、バイオテクノロジーのセンターをこの地域につくるのは理にかなっています。ところが、そのような構想は一切出てきません。それは、この地域を開発しようというデベロッパーがいないからです。後述しますが、私は大手町にこのセンターを発足させました。それは、デベロッパーがいるからです。

このように、東京の都市改造は民間のデベロッパーがいてはじめて可能になるのです。これから再開発すべき新宿は、鉄道会社や住友不動産などが推進力となります。池袋もまた、大型のデベロッパーがいない地区ですが、先述したように、最近は三菱地所が参画してきていますので、改造計画が進む可能性があります。

都市のリフォームの第二の武器は、規制緩和です。第一の点では民間企業の活力に依存したのですが、今度は、官、つまり東京都が力を発揮する番です。

具体例を挙げます。品川駅周辺の再開発については先述した通りですが、２０１５年５月には、「品川シーズンテラス」がオープンしました。これは、全国で初めて下水道事業において立体都市計画制度を活用したものです。

立体都市計画制度とは、道路、河川、公園などの都市施設を整備する際に必要な範囲を立体的に定めることで、道路法や建築基準法で定められた建築制限を除外することが可能となる制度です。道路について言えば、道路の上下空間に建物を建設することが可能になるのです。これが立体道路です。虎ノ門ヒルズが良い例で、道路の上に高層ビルが建てられています。

品川シーズンテラスは、道路ではなく下水道処理を行う芝浦水再生センターの上部空間を利用して整備された業務・商業ビルでなのです。地下には約7万6000立方メートルの雨天時貯留施設が設置されており、これは東京湾の水質改善に寄与します。

下水処理を終えた水が東京湾に流れていっても問題はなく、それが葛西臨海公園で海水浴ができるようになった理由です。しかし、集中豪雨などで未処理の水が海に流れ出ると、それが海洋汚染の原因となります。このような雨天時に下水をためる施設があると、東京湾の汚染防止につながるのです。

また、下水再生水や下水熱を利用した空調設備が建物全体の冷暖房を賄います。さらには、新たに整備されたオープンスペースは既存の芝浦中央公園と一体で利用できるし、ヒートアイランド現象を緩和する風の道としても活用されています。

まさに、この「新たに整備されたオープンスペース」は、本来は東京都が公共事業として行うべきなのですが、ビルを建設したデベロッパーがその役割を担います。都としては、都民の税金を使わずに、この整備ができれば助かります。そこで、その「お礼」として、規制緩和を使うのです。

具体的には、たとえば30階までの規制を撤廃して、35階までの高層化を許すのです。業者にすれば、このボーナス5階分で十分に利益を上げることができますので、公共事業を自腹で引き受けても、十分にペイすることになります。これが、規制緩和が富を生み出す仕組みなのです。

民間企業が公的空間を整備する、それに対して都は容積率緩和というボーナスを与えるというウィン・ウィンの関係です。

このように、知恵を働かせて、税金を使うことなく都市改造を可能にしようというのが、私の考えなのです。

第3章　東京は世界をリードできなくなる

東京国際金融センター構想

前章で述べたことに加えて、世界の大都市として東京都に欠けているのは、国際金融センターとしての機能です。東京都は、一般会計7兆円という予算規模の大都市です。しかし、国際性を欠いており、シンガポールがグローバル企業のアジアのヘッドクオーターになっています。シンガポールは英語が公用語であるし、規制緩和も進んでいますし、法人税も安いからです。

とりわけ、英語が通用するかどうかという点で東京はシンガポールより劣っています。その点を改善することが必要であり、私は、たとえば国家戦略特区制度を活用して、2015年4月1日に、虎ノ門に、「東京開業ワンストップセンター」を開設しました。これは外国人が東京で会社を始めようとするときに、定款、雇用保険、税務など、すべての手続きを1カ所でできるようにしたものです。また、定款も英語のみでよいようにしようという取り組みも始めました。

かつてのバブルの時代には、国際金融はニューヨーク、ロンドン、東京の3都市を中心に展開されていました。しかし、バブル崩壊し、デフレによって国際金融における日本の地位は低下し、日本の銀行や証券会社は次々と海外支店を閉鎖していきました。

そこで私は、東京を国際金融都市として大きな飛躍をさせることを政策目標に掲げました。具体的には、シンガポール、香港、上海からアジアの金融ハブ機能を東京に取り戻すことです。

そのために、規制緩和、行政手続きの簡素化・迅速化、英語表記を増やすなど社会インフラの整備、外国人向け医療やメイドなど生活環境の整備、空港の機能強化、能力の高い人材の供給、ファンド・マネジメント強化など、さまざまな政策を進めていかねばなりません。

これが私の「東京国際金融センター構想」で、2014年5月から専門家からなるタスクフォースで具体化していきました。小池都知事は、国際金融については知識も興味もあまりないようですが、この構想は、誰が知事であっても継続して遂行すべきことだと思います。

私にアドバイスしてくださったような金融専門家が引き続き都庁の相談役として動い

ており、その勧めに従って、小池都知事もこの構想は続けているようです。

兜町を世界の金融都市に

世界の金融の中心都市であるニューヨークにはウォール街、ロンドンにはザ・シティがありますが、東京の兜町も、それに並び称されるようにしたいと考えました。

２０１６年12月には、ノーベル賞を受賞したような経済学者らを招いて、東京で国際金融シンポジウムを開催すべく準備を進めてきましたが、私の辞任でこれを開くことがかないませんでした。

２０１５年には、従来のロンドンなど海外市場に加え、東京証券取引所が運営する東京プロボンド市場へ都外債を上場しました。これも東京の国際金融都市としての機能強化を印象づける政策です

このような取り組みを積極的に行うことによって、都の職員にも国際金融の現場を体験させようとしたのです。また、金融人材を育成するために、若手職員をロンドンの

ザ・シティに派遣しました。

外国企業に東京へ進出してもらうために、２０１６年1月29日から国家戦略特区の入管法の特例を活用した「外国人創業人材受入促進事業」を開始しました。在留資格「経営・管理」の従来の取得要件は、入国するまでに「①事務所の開設、②常勤２名以上の雇用または５００万円以上の投資」をすることであり、外国人が国内のパートナーなしに１人で創業することは困難でした。

このような状況を打破するために、国家戦略特区制度の導入で、外国人の創業活動のために６カ月間の在留資格制度が創設されましたので、事務所の賃貸契約などのさまざまな創業活動が可能になったのです。私は早速、この特例を使うことにしました。

外国人に便利なように、ジェトロ本部7階（ここには東京開業ワンストップセンターや東京圏雇用労働相談センターがある）のビジネスコンシェルジュ東京で事業申請を受け付けるようにしました。

以上のようなさまざまな政策を遂行しながら、私は、「東京国際金融センター構想」を掲げたのですが、それを実現させる前に都庁を去ったことは、返す返す残念です。

そもそも国家戦略特区とは

国家戦略特区とは、第二次安倍内閣の成長戦略の柱の一つとして位置づけられたものであり、特区内で、いわゆる「岩盤規制」に対して大幅に規制緩和を進め、国際競争力を高め、同時に地域振興を図ろうとするものです。２０１３年12月に国家戦略特区法が成立しました。

２０１４年の1月には国家戦略特区諮問会議が発足し、2月に都知事に就任した私は、早速これに対応しなければならなくなりました。しかしながら、国が強引に主導して、地方自治体に箸の上げ下げまで指示するかのような雰囲気があり、また、規制緩和のニーズの高い港区や渋谷区などから始めるのではなく、いきなり東京全域を対象にすべきだとの意見すらありました。私は、そのような国の態度を不快に思い、２０１４年5月12日に以下のような見解をまとめ、ウェブ上に公表したのです。

＊　　＊　　＊

国家戦略特区について、様々な議論がなされている。東京都も特区に指定され、具体的な提案を行っている。ところが、特区に関わっている一部の学者たちが、東京都が「特区に消極的」だとか、「舛添知事はやる気がない。あれは、改革派ではない」とかいった批判をしている。

たとえば、特区の地域について、東京都はとりあえず23区中の9区を指定したが、「東京都全域を指定しないのはけしからん」と、先の学者たちは言う。彼らは、東京都の地理を知っているのであろうか。三多摩や島嶼部がある。先般の大雪の被害で孤立し、自衛隊の出動を要請した奥多摩地域などと港区や渋谷区と同列には論じられない。今なお台風の被害の爪痕が残る伊豆大島とて、同様である。

そのような各地域の特性も無視して、「東京都全地域を特区に指定しないから、知事が特区構想を邪魔している」という。雪崩が発生するような奥多摩地域や、災害復旧に全力をあげている大島に、虎ノ門と同様な高層ビルを建てるのであろうか。どの地域であれ、地元の要望がまとまり、規制緩和によって、それを実現しようという合意が形成されれば、既存の9区に、他の区や市町村も付け加えていく方針である。

問題は霞ヶ関の省庁の縄張り争い、規制にあるのであり、それを解決する責任は第一義的には内閣総理大臣にある。都知事の仕事は、東京都を安心安全な、そして繁栄する都市にすることである。国家戦略特区のために、都知事が存在しているわけではない。

＊　＊　＊

かなり厳しく書いていますが、当初はこのような感じで、国家戦略特区も容易には前に進まなかったのです。私の考え方は一貫して変わりませんでしたが、私の以上のような批判が功を奏したのか、国も次第に柔軟になっていきました。この国との調整には、国会議員また大臣としての国政の経験を積んできたこと、また官邸、とりわけ菅官房長官と緊密な関係を保ってきたことが大いに役に立ちました。

東京都は、２０１４年5月に区域指定を受け、国と、東京圏（東京都、神奈川県、千葉県千葉市および成田市）の自治体、民間事業者で、同年10月1日に東京圏国家戦略特区区域会議を開き、区域計画案を作成し、具体的な取り組みを始めました。会議は、その後も2カ月に1度くらいの頻度で開催され、次々と具体的な成果が上がっていったのです。

「国際金融センター構想」「開業ワンストップセンターの設置」や「都市公園内の保育

所設置特例」などがそうです。

ライフサイエンス産業の活性化

福祉分野をはじめ、野心的な政策を実現するためには、財源が必要です。それには、東京の企業や人が仕事をして富を生み出さなければなりませんが、それを可能にするには、成長戦略が不可欠です。どうすれば生産性を上げ、高い付加価値を持つ産業を育成していくのか、都知事として全力でその課題に向き合いました。

先述した国家戦略特区を活用することも、成長戦略のための一つの手段ですが、ライフサイエンス産業の活性化について、もう少し詳しく記します。

私は、厚生労働大臣のときに、薬や医療機器の開発が日本経済にとって大きな意味を持つことを再認識しました。そこで、創薬について官民対話を進めたのですが、民主党政権になって、それも中断されてしまい、残念な思いをしたものです。

これからはライフサイエンス分野での国際競争に勝ち抜かなければ、日本経済は沈滞してしまいます。

そこで、都知事に就任してすぐに、ライフサイエンス産業の活性化に取り組むことにしたのです。日本橋地区は、創薬などの関連企業が集積しており、交通も利便ですので、この地区に産・学・公の連携によって、民間の創意工夫を活かしたビジネス交流拠点をつくることを決めました。

さらに、中小企業の医療機器分野への参入を支援するために、日本橋に情報交換やマッチングの機会を提供する医産学連携の支援拠点を整備することにしました。また、連携体の医療機器開発に対する助成制度も創設することで、革新的な成果につなげていくようにしました。

ベンチャー企業に対しては、インキュベーション施設やオフィスへの入居を支援するための助成を行い、ライフサイエンス分野での成長を後押しする方針を決めたのです。先述した国家戦略特区における取り組みも加えて、東京を日本の、そして世界の国際的ライフサイエンスのビジネス拠点に成長させる計画を立てたわけです。

大手町にすでにそのセンターができていますが、大きく花開くことを願っています。

自転車道の整備と自転車シェアリング

世界の大都市の中では、東京は交通渋滞という点では優等生の部類に属すると思います。それは、首都圏三環状道路（圏央道、外環道、中央環状線）の整備を進めた結果、都心に流入する車が減ったからです。

東京オリンピック・パラリンピックを前にして、東京の交通体系を総合的観点で見直し、交通という視点からも東京を世界一の都市にしたいと考えたのです。そして、交通渋滞のない大都市を目指すという大きな目標を掲げました。

それを実現するためには、高速道路と並んで、鉄道網の整備も大きな課題です。幸い、この分野では、すでに東京は世界でもトップクラスですが、鉄道の輸送力強化など、まだ多くの課題が残っており、それらについて、私は定期的に鉄道事業者と協議を重ねました。

さらには、自転車の活用もまた重要な施策です。この点では、東京はヨーロッパの大都市に大きく遅れています。私の公約は、この状況を改善することであり、都内にある各種の自転車レーンを視察し、また海外出張の際には、訪問した都市の自転車政策について研究しました。

そして2015年4月、「自転車推奨ルート」を設定し、整備することを決めたのです。それまでも、都道については整備を進めてきましたが、これに加えて、国道・都道・区市道などの区別なく、自転車が走行しやすい空間を連続させ、より安全に回遊できるよう、ネットワーク化した「自転車推奨ルート」を設定したのです。これは、わが国初の取り組みでした。

東京五輪の競技会場や主要観光地周辺にある①皇居周辺、②浅草・東京スカイツリー周辺、③新国立競技場周辺、④葛西臨海公園周辺、⑤臨海部周辺、⑥大井埠頭中央海浜公園周辺、⑦武蔵野の森周辺の7地区において、約200キロ規模の整備を進めるという内容です。

すでに決まっている都道や臨港道路の264キロの整備と合わせると、約400㎞にわたり、自転車が走行しやすい空間を確保することになります。その結果、都民も外国からの来訪者も、自転車で東京の魅力を満喫できるようになるのです。

整備に当たっては、車道の活用を基本にして、その地区の道路・交通事情を勘案しながら、自転車レーンや自転車ナビマークによって、自転車走行位置を明示します。区市道については、都が、財政面や技術面で区市を支援していきます。

この計画を立案するに当たっては、自転車シェアリングも、ルート選定の重要な要素となりました。自転車シェアリングとは、一定の地域内に複数配置されたステーション（駐輪施設）において自由に貸出・返却できる貸し自転車（レンタサイクル）のことで、借りたステーションとは異なるステーションに返却することができるシステムです。ロンドンでは、ボリス・ジョンソン前市長（現首相）の名前を冠したボリス・バイクが有名であり、またパリや他の大都市でも自転車シェアリングが盛んです。

東京の場合、区市町村ごとに管轄するので、それぞれがバラバラに独自のシステムを入れると、たとえば千代田区で借りて、中央区で返すということができなくなります。そこで、そうならないように、私は現場視察をした上で、その調整を行いました。

その結果、２０１５年3月に自転車シェアリングに先駆的に取り組む４区（江東区、千代田区、港区、中央区）と都が、基本協定を締結し、区境を越えての相互利用を可能にしたのです。この協定に基づいて、２０１６年2月から、この4区の間で区境を越えて相互乗り入れができる「広域相互利用」を実施しました。

私は、このネットワークを都内全域に拡大したいと考えましたが、その後、新宿区、文京区、品川区、目黒区、大田区、渋谷区も加わって、利用できるエリアが拡大し、10の区内、６９０カ所のステーションのどこでも自転車の貸出・返却が可能となりました。自転車の数も７５００台になりました（２０１９年6月時点）。この自転車政策は、今後とも継続していくべきです。

日本人のみならず、海外から来た観光客が、気軽に自転車を借りて都内を散策する姿を見るのは楽しいものです。

さらには、新型コロナウイルスの感染拡大で満員電車やバスなどの公共輸送機関を避け、通勤などに自転車を使いたいという人が増えています。そのような需要に応えるためにも自転車道の整備と自転車シェアリングをもっと強力に進めねばなりません。

この点については、小池都知事からは前向きなメッセージが発出されていません。私が進めてきた政策は全て否定するという姿勢ですから、そうなるのは致し方ありませんが、都民のためには残念なことです。

水素社会――地球温暖化と闘う

水素エネルギーは、利用段階でＣＯ２などの温室効果ガスを一切排出しません。クリーンで環境に優しい上に、関連産業の裾野も広く、大きな経済効果が見込まれています。そのため、水素は、化石燃料に代わる次世代のエネルギーとして注目されています。

２０１４年12月には、世界に先駆けてトヨタが「ＭＩＲＡＩ」という名の燃料電池車（ＦＣＶ）を発売しました。この車の値段は７００万円ですが、国の補助金２００万円に加えて、都が１００万円の補助金を追加することを決めました。つまり、普通の高級車と同様の４００万円という価格で購入できることにしたのです。トヨタに続いて、ホンダもクラリティという名のＦＣＶを、２０１６年３月からリース販売を始めています。

しかし、この補助金だけでは燃料電池車の普及は進みません。水素ステーションの整備が必要です。ガソリンスタンドがなければ、今のほとんどの車は走れないのと同じなのです。

ガソリンスタンドの整備費用は都内で約1億円ですが、水素ステーションは5倍の約5億円かかります。そこで、東京都は国とともに補助金を出して、ガソリンスタンド並の約1億円で水素ステーションを整備できるようにしました。

国の規制の問題もあります。ガソリンスタンドの場合には道路から4メートル離せばよいのですが、水素ステーションの場合は8メートル離すことが求められていたのです。土地の値段が高い東京では、これが大きなネックとなって、水素ステーションの整備が進みません。そこで、東京都は国に規制緩和を働きかけたり、独自の実効性ある代替措置を検証したりすることにしました。

その結果、2016年には、障壁を設置するなど、安全確保のための代替措置が講じられることを前提に距離の短縮を可能とする改正が行われました。その後も、少しずつ規制緩和が進んでおり、距離も5メートルまで短縮されました。今後とも着実に国の規制緩和が進むことを期待しています。

2020年までに水素ステーションを都内に35カ所設置する計画を立てましたが、まだ実現していません（２０２０年8月時点で17カ所）。２０３０年までには１５０カ所に増やし、燃料電池車も20万台普及させる計画を策定しましたが、小池都政になってからは、思うように進捗していません。

バスについても、燃料電池バスの普及に積極的に取り組むことにしました。私も燃料電池バスに試乗しましたが、とにかくエンジン音が静かなのがよいと思いました。バスの中で会話が楽しめますし、大きな揺れもなく、高齢者や子どもには優しい乗り物になると確信しました。

そこで、２０２０年までに１００台以上に増やすことにしましたが、都営バスに率先して導入し、民間のバス会社に導入するようにしました。２０１６年には2台、２０２１年度までに80台の燃料電池都営バスが誕生する計画を立てました。

そして、このクリーンなバスをオリンピック・パラリンピック大会の輸送手段として活用する方針にしました。また、晴海の選手村で水素エネルギーを最大限活用することにし、大会後は、ここを「水素エネルギータウン」とすることに決めました。私の都知事辞任後も、都市整備局はその方針を堅持し、２０１７年3月には、燃料電池バスの運行が始まりました。

水素エネルギーというと、「水素爆弾」からの連想で「怖い」というイメージを持つ人も多いようですが、水素の安全性やリスク、将来性などを正確に情報提供する必要があります。そこで、潮見水素ステーションの敷地内に「水素情報館　東京スイソミル」を開設することを決めました。

これは、私の辞任後の２０１６年7月27日にオープンしました。また、日本科学未来館との共催イベントを開催したり、民間主催のイベントに都が積極的に参加したりしています。私も、知事として、何度も各種のシンポジウムやイベントに参加しましたので、「水素知事」という異名を賜ってしまいました。

ところで、水素の製造のために使うエネルギー（たとえば電気）を生み出すためにＣＯ２を使えば、結局は地球温暖化ガスを排出することになります。その問題を解決する、つまり、「ＣＯ２フリー水素」の活用が今後の課題です。そこで、福島県の復興を支援する目的も兼ねて、東京都が福島県と共同でこの課題に挑戦することにしたのです。

私は、２０１６年5月17日に、福島県に出張し、福島復興支援策について内堀雅雄知事と会談するとともに、都、福島県、産業技術研究所、東京都環境公社（東京都環境科学研究所）の4者で、「再生可能エネルギーを活用して製造したCO2フリー水素の普及に向けた」基本協定を締結しました。その内容は、CO2フリー水素の研究開発を推進すること、2020年東京五輪大会開催時に福島県産CO2フリー水素を活用すること、福島県の復興を後押しすることなどです。

福祉先進都市の実現①　待機児童対策

厚生労働大臣を経験した都知事として、私は、東京こそ「ゆりかごから墓場まで」の福祉が充実した都市にならなければならないという確信をもって、都知事として必要な施策を進めてきました。保育所、老人保健施設、特別養護老人ホームなどが不足していますが、それは東京の地価が高いことにも原因があります。また、保育士や介護職員の数も十分ではありません。

『長期ビジョン』では、2017年度末までに待機児童ゼロを目指し、4年間（201

4～2017年度）で保育サービスを4万人増やす目標を定め、保育所整備に向けたさまざまな支援策を展開しました。その結果、2015年4月1日現在の待機児童数は3年ぶりに減少に転じました。

しかし、都外からの人口の流入などさまざまな要因で、保育のニーズが増大し、施設を整備すればするほど保育のニーズが高まるといった、いわば悪循環に陥ってしまっていたのです。2015年度の保育サービス利用児童数は1万4992人分増加したにもかかわらず、2016年4月1日現在の待機児童数は、前年から652人増加して、8466人となるといった具合です。まさに、「イタチごっこ」といった状況でした。

二つ問題があります。一つ目は保育施設、二つ目は保育士の不足です。まず、第一の施設整備ですが、地価の高い東京では、土地の確保が大きな課題となります。そこで、従来の整備費や賃借料の補助などに加えて、新たな試みとして、私は公園に目をつけました。

緑あふれる公園を、保育や高齢者の介護に活用しない手はありません。公園の中に保育所や介護老人保健施設などをつくったらどうかというアイデアを公園担当職員に提案すると、公園の本来の目的に反するとして、あまり賛成ではありませんでした。

しかし、公園内には車も入ってきませんし、恵まれた自然の中で子どもたちがのびのびと活動するのは悪いことではありません。介護が必要な高齢者についても同様です。

そこで、国家戦略特区を活用することにしたのです。政府と協議して、２０１５年に法改正をして、「都市公園内の保育所設置特例」を設け、特例的に公園内に保育所を設置することができるようにしました。そして、同年、荒川区と連携して都立汐入公園での保育所（定員１６２人）整備を全国に先駆けて提案しました。さらに、世田谷区では都立祖師谷公園（定員約80人）、都立蘆花恒春園（定員96人）、品川区では品川区立西大井広場公園（定員１００人）を提案しました。

現在、「にじの森保育園」（都立汐入公園）、「茶々そしがやこうえん保育園」（祖師谷公園）、「まちのこども園」（代々木公園）、「ＭＩＷＡ木場公園保育園（木場公園）」などが開設され、今後とも増えていくと思われます（蘆花恒春園については、土壌汚染対策法で定める基準以上の鉛などが検出されたため、工事が中断）。私が国家戦略特区を活用して実現した待機児童減らし政策です。

小池都政になってからも、待機児童は減りつつありますが、それは彼女のみの手柄ではなく、前任者のこのような努力の上に成り立っていることを忘れないでほしいと思います。

保育士の処遇の悪さ

第二の問題は、保育士不足です。その原因は処遇の悪さにあります。厚労大臣のときに、介護士や保育士の不足という問題に直面しましたが、その原因を探ると、「給料が安いことと」「キャリアパスが明確でないこと」の二つの点が明らかになりました。

他の業種に比べて賃金が低ければ、人は集まりません。また、将来の出世のプロセス、つまり係長→課長→部長といったキャリアパスが描けないようでは、結婚して子どもを育てていくといった見通しが立ちません。「寿退社」と言えば、普通は結婚して家庭に入るために、主として女性が会社を辞めることを言いますが、介護士の世界では、介護士の給料では結婚して家庭を築くことが不可能なので、低賃金が理由で、主として男性が介護士を辞めることを指します。

そこで、担当大臣として、私は賃金アップ、そしてキャリアパス制度を導入し、その定着を始めました。国レベル、地方自治体レベルで、積極的な取り組みが行われ、改善の方向にあります。ただ、介護士に比べて、保育士のほうはキャリアパスについてはまだ不十分なままの状態ですので、給料を増やすのみならず、この点での取り組みを本格的に進めねばなりません。

さらに言えば、介護士も保育士も、大変な仕事であることは、介護や育児を体験した者はよくわかっています。彼らに社会的尊敬がもっと集まるようにすることも、大きな課題です。賃金とキャリアパスに加えて、この点も大事なポイントであることを忘れてはなりません。

この業界は、不況のときには人が集まりますが、好況になると人材の確保が難しくなります。そのような状況を改善するためには、社会で大きな尊敬と感謝を受ける仕事であることが不可欠なのです。

福祉先進都市の実現② 高齢化対策

高齢化は、日本、そして東京で急速に進行しています。全国規模で見ると、65歳以上の人口は、2019年9月現在3500万人（国民の28・4％）で、この比率は世界一の高さです。2065年には、トップが韓国で42・1％、日本は2位で38・4％になると予想されています。団塊の世代（約800万人）が75歳以上となる2025年以降は、国民の医療や介護に対する需要が増加することは間違いありません。

東京では、2019年9月現在で、65歳以上の高齢者人口は309万4000人（人口の23・3％）です。2010年から2040年にかけて、65歳以上人口が268万人から412万人（1・5倍）、75歳以上人口が123万人から214万人（1・7倍）となり、全国を上回る伸び率になると予想されています。

東京の平均世帯人員数は全国で最も少なく、2016年には、2・02人となっています。2010年から2025年にかけて、75歳以上の単独世帯数は33万世帯から57万世帯（1・7倍）、世帯主が75歳以上の夫婦のみの世帯数が23万世帯から39万世帯（1・

7倍）と、これまた全国を上回る伸びが見込まれています。

２０００年に介護保険制度が創設されましたが、この制度のおかげで「介護はプロに任せましょう、家族は愛情を」というスローガン（私も好んで唱えていました）が実現できる社会への歩みを進めることができています。

私は、北九州市に在住する認知症の母を介護してきましたが、母は２０００年に死去しましたので、介護保険制度の恩恵に浴することがありませんでした。7年間の遠距離介護時代を振り返ってみると、今ある介護保険制度のありがたさを身にしみて感じます。

介護保険サービス利用者は、２０００年4月には97万人でしたが、２０１８年4月には４７４万人と、18年間で３・２倍になっています。介護費用は、２０００年度には3兆６０００億円であったものが、２０１８年度には10兆１０００億円と、18年間で２・8倍になっています。

私の政治の原点は母親の介護であり、厚労省の舵《かじ》取りも任せられましたが、介護の分野で少しでも良い方向に日本が向かっていくために、今後とも努力したいと思っています。長寿化はうれしいことですが、加齢とともに、要介護認定率は上昇します。また、認知症高齢者も増加していきます。年齢階層別に見ると、要介護認定は80歳以上から約3割と急上昇するのです。

介護職員の不足が3万人以上

私が都知事に就任してから1年後の2015年3月に、東京都は、第6期東京都高齢者保健福祉計画を策定しました。これは、今後の都の高齢者施策の総合的かつ基本的な計画となるものですが、この計画期間は2015年度から2017年度までの3カ年です。

内容は「老人福祉計画」と「介護保険事業支援計画」をまとめたものですが、そのポイントは、団塊の世代が75歳以上となる2025年を見据えた計画であることです。都内の区市町村による推計を基に、①介護サービスの見込み量、②介護保険料、③必要となる介護職員の数について、初めて2025年までの中長期推計値を出しました。

それによれば、東京では、10年間で要介護・要支援者が約57万人から約77万人と約20

万人増加し、高齢者の４人に１人が要介護・要支援となります。次に、介護サービス利用者の増加により、介護保険給付費は、10年間で約８３６３億円から約１兆２１０７億円と約３７００億円増加し、都の負担額も約６００億円増えます。高齢者が負担する介護保険料も、平均月額４９９２円から８４６３円と３４４４円増加します。

また、特別養護老人ホームなどの施設・居住系サービスの利用者は、12万４０２６人から17万４３７４人と約５万人増えます。そこで、２０２５年の施設整備目標として、特養を約１万８０００人分、老健を約９７００人分、グループホームを約１万６００人分という数字を挙げました。

さらには、サービスを提供する介護職員を、２０２５年度までに、現在の14万８４７５人から24万７７８６人へと約10万人増やす必要があります。しかしながら、現状のままだと、この需要に供給が追いつかず、約３万６０００人の介護職員の不足が生じると見積もられたのです。

極めて深刻な推計結果ですが、これを正面から見据えて、介護基盤の整備、介護人材の確保などに全力で取り組む決意を固めたのです。

その後、この方針は、第7期計画（２０１８年度〜２０２０年度）にも引き継がれています。

10戸に1戸ある空き家をどうするか

空き家も、東京都が直面する深刻な問題です。このテーマに関する書籍も多数出版されていますが、たとえば野澤千絵は、次のように警告しています。

＊　＊　＊

私たちは、「人口減少社会」なのに「住宅過剰社会」という不思議な国に住んでいます。住宅過剰社会とは、世帯数を大幅に超える住宅がすでにあり、空き家が右肩上がりに増えているにもかかわらず、将来世代への深刻な影響を見過ごし、居住地を焼畑的に広げながら、住宅を大量につくり続ける社会のことです（『老いる家　崩れる街〜住宅過剰社会の末路』講談社、２０１６年、３ページ）。

＊　＊　＊

空き家問題の背景は、急速に進行する少子高齢化です。また、人々の生活様式、価値観、家族観の変化もあります。日本の出生率は低下しており、一方では医療の発展などで、長寿化が進んでいます。子どもが結婚し、新たな家を築くと、生活の基盤も職場も違うので、もう実家には戻らなくなります。その家には、定年退職した親がしばらくは住んでいても、亡くなると空き家になってしまうのです。自分と妻の両方の実家とも空き家になってしまうこともあります。

かつては、子どもの数も多かったし、長子相続で長男が家を受け継ぎ、その代わり親の面倒を見るという仕組みでした。しかし、今や年金制度も充実し、社会全体で親の世話をすることになりましたし、子どもにしても、相続で家をもらっても住む予定もないというケースが増えています。

このような事情を背景にして、空き家は、2008年には全国で756万戸、東京都で75万戸、2018年には、それぞれ、846万戸、81万戸と急増しています。空き家比率は、全国で13・6％、東京都で10・6％です。つまり、全国で8戸に1戸、東京都で10戸に1戸が、空き家なのです。空き家は年々増えており、これが大きな問題となっています。住宅ストックが活用されていないのみならず、防災、治安の面でも問題であり、また手入れが十分でない空き家は、近所迷惑にもなります。

新たな政策がない都の空き家対策

しかし、親の家を相続で取得した子どもにとってみれば、相続税（税制改正で、この対象が拡大している）の負担のみならず、固定資産税、建物の維持費がかかります。「売却すればよいのでは」といっても、住宅が余っている状況では容易に買い手が見つかりません。「不動産」ではなく、「負動産」と揶揄される有り様です。

若い世代は、都心の快適なマンションを購入する傾向が強いのです。建物を撤去して更地にすれば、売りやすくはなりますが、撤去費用もかかりますし、それに、小規模住宅（1区画200平方メートル以下）を解体・除却して更地にすると、小規模住宅用地に対する固定資産税の優遇措置が適用されなくなります。

この優遇措置は、土地を未利用なままにするのではなく、住宅用地として活用させるための方策です。そこで、更地にすると、土地の固定資産税が6倍に跳ね上がるのです。だから、朽ち果てるままに放置しておくということになってしまいます。かつては、土地の資産価値が高く、土地は値上がりするという土地神話がありましたが、今やその神話は崩壊しました。土地は持っているだけで固定資産税がかかりますし、維持管理にコストがかかります。

固定資産税については、東京都では、木造住宅密集地域の不燃化特区に関しては、老朽住宅を解体・除却して更地となっても、土地の固定資産税を5年度分住宅用地並みの課税（評価額の6分の1に税率を乗じた額まで減免）に優遇しています。このアメの政策で、老朽危険家屋が撤去され、更地になって、売りやすくなれば、持ち主にとってもプラスになります。

一方、政府・与党のほうは、逆にムチの政策、つまり、2015年度税制改正で、6分の1の優遇措置を、老朽化で倒壊の恐れのある空き家については、対象から外す方針にしました。

しかし、壊そうが壊すまいが、結局は税率が同じということになれば、撤去費用の負担を考えると、何もせずに、朽ち果てるまで放っておくということになるのではないでしょうか。むしろ、以前の6倍もの固定資産税を払いたくても払えないという不満の声が高まっていくでしょう。また、もう国や自治体で処分してくれという声も高まりそうです。税制改正のみで空き家問題に対処しようという発想には問題があります。

6分の1の優遇措置をやめるために、2014年11月に議員立法で、「空家等対策の推進に関する特別措置法」が成立し、2015年2月に一部施行、5月から全面施行されました。

この法律に従って、国土交通大臣及び総務大臣が基本施策方針を策定し、区市町村が対策計画をつくり、協議会を立ち上げます。区市町村長は、空き家のデータベースを整備することになります。都道府県は、区市町村の取り組みを支援することになっています。東京都は、空き家の適正管理や活用促進などに向けて、区市町村の取り組みを助けていくことを決めました。

しかし、必要なのは、この特別措置法を超えた都市づくりのグラン・デッサンなのです。これは、オリンピック・パラリンピック東京大会の後、どのようなレガシーを残すかということとも関連します。選手村をどのような住居にしていくかという問題についても、空き家問題の認識が必要で、面として大きな開発計画を持つことの重要性が増します。

土地神話が終わったという冷徹な認識の下、長期優良住宅の普及促進、既存住宅ストックのリフォーム支援、中古住宅流通市場の整備、私権の制限などについて、政策分野を横断した総合的な対策が不可欠です。

空き家の有効活用としては、たとえば高齢者福祉や子育て支援に、また芸術文化活動の拠点に転用することを考えてよいと思います。私の指示の下、一戸建て住宅を高齢者の共同住宅（グループリビング）に改修したり、介護職員の宿舎として活用したりするなど、さまざまな対策を検討しました。

また、区市町村を支援するため、「空き家利活用等区市町村支援事業」として、２０１５年度には１億円、２０１６年度には2億７０００万円の予算措置を講じました。具体的には、①空き家実態調査への補助、②空き家等対策計画への補助、③空き家改修への補助、④老朽空き家除却への補助、⑤専門家を活用した空き家相談体制整備への補助です。

都内の住宅地を散歩すると、多くの空き家が目につきます。それにもかかわらず、至る所で、マンション、戸建てを問わず、住宅建設が進められています。誰が買うのだろうかと思って見ていますが、条件のよくない物件は思うように売れてないようです。空き家問題は、これからの都市経営にとって重い課題となっていくでしょう。

しかし、小池都知事は、都市計画そのものに関心がなく、この空き家問題についても、新しい政策は打ち出していません。事務方が、「空き家利活用等区市町村支援事業」など、私が方向付けをした政策を継続しているのみです。

第４章　危機管理ができていない首都

『東京防災』配布の経緯

私は若い頃、スイスでも勉強していましたが、この国はフランス、ドイツ、イタリアという強国に囲まれており、どうすれば国家の安全と平和を守ることができるかに腐心してきた歴史があります。いずれの国とも同盟しない永世中立国となったのも、ヨーロッパの勢力均衡の中で生き残るための知恵なのです。そのスイスでは、さすがに危機管理体制が完備しています。

たとえば、高速道路はなるべく直線にし、中央分離帯を着脱可能なものとしてあります。それは、一朝有事のときに、滑走路として使うためであり、近隣の住民が中央分離帯を取り外し、両側の車線をフルに使った臨時滑走路をつくります。そして、高速道路のトンネルの中のシェルターに格納されている戦闘機が飛び立つ訓練をしていました。

これに対して、日本の高速道路はなるべくカーブを多くつくるようにしてあります。それは、居眠り防止という交通安全上の配慮からです。しかし、そこには安全保障や防災という危機管理的な発想は全くありません。

私は、都知事になってから、東京でも、環七や環八といった広い幹線道路を滑走路として活用できないか検討してみましたが、ヘリポートにすらならない実態にがっかりしたものです。

また、スイスのパンは世界一まずいと言われています。それは、とりたての小麦は備蓄に回し、備蓄していた古い小麦を使ってパンをつくるからです。日本式に翻案すると、新米は備蓄して、古米を食べるといった感じなのです。これは、有事用の備蓄をいかに重要視しているかということを示したエピソードです。

スイスでは、その備蓄も含めて、戦争や災害に備えるためのマニュアルが、政府によって全世帯に配備されています。『民間防衛』という本ですが、これは邦訳も出ており、コンパクトながら、有事の際の行動規範から、日常生活での危険回避方法まで、具体的に細かく記されています。スイスの家庭では、たとえば電話機のそばに、常備薬のように置いてあって、いつでも活用できるようになっていました。

最近はどうかとスイス人に聞くと、ベルリンの壁が崩壊し、米ソ冷戦も終わったせいか、かつてのようにはこのハンドブックは注目されていないと言っていました。

しかし、この本には防災の観点から危機管理の参考になることがたくさん書いてあり、災害の多い日本でも役に立ちます。そこで、このスイスの例を参考にして、一家に一冊常備するために、完全東京仕様の防災ブック『東京防災』をつくろうと考え、都庁内にチームを発足させました。

チームの皆が頑張って、２０１５年9月1日の防災の日に間に合うように、これを完成させたのです。都内の全世帯に無料配布しました。この本には、避難経路の確認や家族の情報を書き込める「東京防災オリジナルＭＡＰ」も一緒に付けてあります。東京在住の外国人用に英語版も作成し、電子版では、中国語版、ハングル版も利用できるようにしました。

さらには、『東京防災』に依拠した教材、『防災ノート』を作成し、これを都内の全学校で活用しています。私も、港区の小学校の防災授業を視察しましたが、子どもたちは皆、高層マンションの住民であり、そのことを念頭に置いた防災授業が行われていることが印象的でした。

キーワードは「今やろう」

『東京防災』のキーワードは、「今やろう」です。それは、このハンドブックを参考にして、今すぐアクションを起こしてほしいという思いからです。たとえば、避難先の確認、防火防災訓練への参加、家具類の転倒防止、非常用持ち出し袋の用意、災害情報サービスへの登録、日常備蓄の開始などです。

日常備蓄については、災害時にライフラインが寸断されることへの備えをどうするかという課題です。

ライフラインの機能を95％回復させるのに、電力で7日、通信で14日、上下水道で30日、都市ガスで60日かかります。そのため、商品の流通に支障が出て、生活必需品が入手困難となります。そのような状況の下、自宅が無事だった人は、そのまま自宅にとどまって生活することが想定されます。そのため、食料品や生活必需品を自宅に備蓄しておく必要があるのです。

しかし、普段使わないものを集めるような、何か特別な準備となると、用意するのが大変であり、そのため備蓄があまり進まないのです。そこで、発想を切り替えて、「日常備蓄」、つまり、日頃から利用・活用している食料品・生活必需品を少し多めに購入することによって、準備をすることにします。

そして、古いものから順に消費していくのです。この「日常備蓄」を進めるために、11月19日を「備蓄の日」〈1年に1度はびち（1）く（9）を確認〉とし、この日に、皆が備蓄状況をチェックするように呼びかけました。

まさに、「備えあれば憂いなし」です。防災訓練も9月1日のみではなく、春夏秋冬、どの季節でも対応できるように、年に4回行うことにしました。このような、東京を災害に強い、世界一安全・安心な都市にしようとさまざまな政策を展開したのです。

「江戸川区ハザードマップ」の衝撃

地球温暖化の影響なのか、近年は、記録的な猛暑、記録的な集中豪雨、記録的な長雨など、「記録的」と形容されるような異常気象が続いています。異常気象は一過性のものではなく、今後も続くと考えたほうがよいと思います。猛暑のみならず、豪雨や台風で洪水や高潮の被害もまた常態化するという前提で危機管理を行うべきです。しかも、大都会もその災害から免れているわけではありません。

豪雨災害だけをピックアップしても、２０２０年７月３日から４日にかけて、九州地方に大雨が降り、熊本県では球磨川が氾濫し、大きな被害が出ました。被害は長崎県、佐賀県、福岡県や岐阜県、長野県にも広がり、その後、広島県、島根県や山形県、秋田県にも豪雨は襲いかかりました。

２０１９年９月には台風15号が日本を襲い、千葉県では停電の長期化という想定しない事態に、住民も大変な苦痛を強いられました。その後に来た台風19号もまた大きな被害をもたらしました。64もの河川が氾濫し、２万３０００ヘクタールもが浸水し、４０００人を超える人々が避難生活を余儀なくされたのです。

その１年前、２０１８年６月28日からの雨は、岡山県、広島県、愛媛県に土砂災害や浸水被害をもたらしました。２０１７年には、６月30日から７月10日に大雨が降り、福岡県、大分県を中心とする北部九州に、死者40人、行方不明２人という甚大な被害を出しました。2015年9月7日〜11日には、鬼怒川の堤防が決壊し、1万5000棟以上が浸水しました。2014年7月30日〜8月20日の豪雨は、広範囲にわたりましたが、特に広島が大きな被害を受けています。

近年の過去の豪雨災害を振り返ってみますと、原因は梅雨前線に台風の影響が加わるケースが多いのですが、台風の発生件数も多くなっているようです。

豪雨の時期は夏です。2014年以前を見ても、2012年の九州北部豪雨が7月11〜14日、2011年の台風12号による豪雨は8月30日〜9月5日、新潟・福島豪雨が7月27日〜30日です。もし、同じような豪雨が2021年に東京圏を襲ったら、延期されたオリンピックやパラリンピックはどうなるのでしょうか。

東京は大都市だから大丈夫だと考えるのは間違っています。豪雨に対して、いかに脆《ぜい》弱《じゃく》であるかを如実に示す資料が公開されています。

2019年5月下旬に、江戸川区が「江戸川区水害ハザードマップ」を発表しましたが、表紙に「ここにいてはダメです」と書かれていて、話題になりました。この注意勧告の言葉の後に、「洪水のおそれがないその他の地域へ」という言葉も添えられています。自分の住んでいるところから「逃げろ」と言われて江戸川区民にはショックだったようですが、これくらい強く警告しないと避難が遅れ、命を失う危険性があるのです。

実はこの江戸川区の発表の1年前の2018年8月22日に、江東、江戸川、葛飾、足立、墨田の江東5区広域推進協議会が、高潮や河川の氾濫による水害について、「江東5区大規模水害広域避難計画」を、ハザードマップとともに発表しました。江戸川区のハザードマップは、その内容を踏襲して、江戸川区民向けに編集したものなのです。

この江東5区は荒川と江戸川という2つの大河川の流域にあり、両者が同時に氾濫した場合、最悪のケースで9割以上、つまり250万人の住む地域が水没し、約100万人が住む江戸川区西部と江東区東部などでは2週間以上浸水が続くと予想されています。また、浸水の深さが10メートルに達する地域もあるというのです。

都知事のとき、私はこの地区を視察し、都の防災計画を立案しましたが、江戸川区は、東から旧江戸川、新中川、中川、荒川、旧中川と河川がたくさんあります。しかも、それらの川の水位よりも低い地域が多く、7割がゼロメートル地帯（満潮時の水面より低い土地）なのです。川の堤防の上に立って周囲を見渡せばよくわかりますが、もし堤防が決壊したら町全体を水が襲う様子が容易に想像できます。

もし、前線を刺激する形で中心気圧930ヘクトパスカル以下の大型台風が直撃すると、荒川流域で3日間の平均雨量の合計が400ミリを超えることになり、その悪夢が現実のものとなるのです。1つデータを紹介しますと2018年の8月27日に雷雨が東京を襲い、世田谷区で1時間に110ミリの雨が降りました。その数字を見ると、3日間で400ミリというのは非現実的な想定ではないと思います。

怖い仮定ですが、東京五輪の夏にそのような豪雨が襲ってきたら、オリンピックどころではなくなります。

東京—千葉間の避難ルートが確保できていない

戦後の豪雨の歴史を振り返りますと、1947年9月、カスリーン台風によって荒川と利根川が破堤し、金町、柴又、小岩付近が水没し、1900人以上の死者・行方不明者が出ています。1949年8月末のキティ台風でも江東区や江戸川区が浸水被害に遭っています。

関東地方に降った雨の大半が、利根川から江戸川や荒川に流れ込むので、このような大きな被害が起こるのです。とりわけ江戸川区は5区のうちでも最悪の地理的条件の下にありますので、「ここにいてはダメです」と言わざるをえないのです。

江東5区の広域避難計画によると、台風などで荒川・江戸川の破堤が予想される場合には、72時間（3日）前に5区共同で避難計画の検討に入り、48時間（2日）前に広域避難の呼びかけ（自主的広域避難情報）を行い、24時間（1日）前には約250万人を近隣の県に避難させる「広域避難勧告」を出します。それでも避難できなかった人には、9時間前に域内垂直避難指示を出しますが、これは、地域の指定避難所（小中学校など）に移動させ、また自宅残留者には上層階に逃げる（垂直避難）ように指示するものです。

垂直避難をした場合、2週間も水が引かなければ、電気、ガス、水道などのライフライン、また食糧供給が途絶えた状態で生き延びねばなりませんので、できれば広域避難が望ましいのです。ただ、全住民の避難先を確保するには、東京都の西部のみならず、千葉県、茨城県、埼玉県、神奈川県の協力が不可欠なのです。

広域避難をせずに約250万人が垂直避難した場合、ヘリコプターや船で救助できるのは、1日に2万人が限界です。しかも、猛暑の中で、この難しいオペレーションをせねばなりません。

江戸時代の水害の歴史について、私は多くの文献に当たって研究しましたが、河川の流域地帯では、船を常備して備えていたそうです。たとえば、鈴木理生は、『江戸の川・東京の川』（井上書院、1989年）の中で、「近郊農村の多くは自然堤防上に分布していたこと、縦横にはしる運河の交通になれていたこの地区の人々は、船は現在のマイカーに相当する乗物であり、洪水常襲地帯にはおのずからそれに対応する生活のし方があった」（173〜177ページ）と記しています。船を洪水対策として使ったことが明確に指摘されています。

私は、都知事のときに、船や運河を防災対策に活用する政策を実行に移しました。そのときに感じたのは、江戸時代よりも今の住民のほうが「お上任せ」であり、行政が助けてくれるという甘えがあるのではないかということです。

郵便はがき

お手数ですが
切手を
お貼りください

150-8482

東京都渋谷区恵比寿4-4-9
えびす大黒ビル
ワニブックス 書籍編集部

お買い求めいただいた本のタイトル

本書をお買い上げいただきまして、誠にありがとうございます。
本アンケートにお答えいただけたら幸いです。
ご返信いただいた方の中から、
抽選で毎月5名様に図書カード(500円分)をプレゼントします。

ご住所 〒

TEL(　　-　　-　　)

(ふりがな)
お名前

ご職業

年齢　　歳

性別　男・女

いただいたご感想を、新聞広告などに匿名で使用してもよろしいですか?　(はい・いいえ)

※ご記入いただいた「個人情報」は、許可なく他の目的で使用することはありません
※いただいたご感想は、一部内容を改変させていただく可能性があります。

●この本をどこでお知りになりましたか?(複数回答可)

1.書店で実物を見て　2.知人にすすめられて
3.テレビで観た(番組名:　)
4.ラジオで聴いた(番組名:　)
5.新聞・雑誌の書評や記事(紙・誌名:　)
6.インターネットで(具体的に:　)
7.新聞広告(　新聞)　8.その他(　)

●購入された動機は何ですか?(複数回答可)

1.タイトルにひかれた　2.テーマに興味をもった
3.装丁・デザインにひかれた　4.広告や書評にひかれた
5.その他(　)

●この本で特に良かったページはありますか?

●最近気になる人や話題はありますか?

●この本についてのご意見・ご感想をお書きください。

以上となります。ご協力ありがとうございました。

都知事を早期に辞職したためにやり残した仕事の一つに、近隣県への避難ルートの確保があります。人々が一斉に避難すると橋や駅に避難者が殺到し、大渋滞、大混乱が生じ、大事故につながる危険性があります。埼玉県へは大きな川を渡らなくても避難できますが、問題は神奈川県と千葉県に逃げる場合です。

神奈川県境の多摩川は約2・5キロ間隔で橋がありますが、江戸川区と千葉県市川市・浦安市の間の江戸川や旧江戸川には、市川橋と今井橋間は約8キロにわたって橋がありません（江戸川大橋は自動車専用道路なので歩行者は通行できません）。

そこで私は、市川橋と今井橋の間に2本、浦安橋と舞浜大橋の間（約3キロ）に1本、計3本の橋を架けるように努力しました。問題は、千葉県との間の財政負担ですが、森田健作千葉県知事とトップ同士で協議を始めたところで、私が都知事職を辞することになってしまいました。

その後の経緯について森田知事に尋ねましたが、「小池都知事は舛添さんの政策を否定することばかり」なので、この件については何の連絡もないという答えでした。この大事な避難計画は、小池都政になって一切前に進んでいないのです。ちなみに、事務方はその後も協議を続け、2025年までに事業化したいと言っているそうですが、この問題は政治家である知事がリーダーシップを発揮しなければ解決しません。

地震や水害などは都県境を越えて襲来します。近隣県の知事たちと常に連携していく姿勢がなければ、都民の生命と財産は守れません。

国民の命がかかる防災対策の実行にポピュリズムは禁物です。人命が失われてから悔やんでも、何の意味もありません。私が『東京防災』と言う冊子をつくり、東京の全世帯に無料配布したのは、そのためです。これは今でも参考にされ、高く評価されています。

小池都知事は、その評価を超えたいと思ったのか、この女性版と称して『東京くらし防災』という冊子を、2018年2月につくっています。初版100万部で、公的施設や店舗など9000カ所に置いてあるそうですが、この本など見たことのない都民がほとんどであり、全く利用されていないと言っても過言ではありません。税金の無駄使いの典型です。これもまた、小池都知事の意味のない人気取りパフォーマンスの一つです。

防災対策は地味であり、新型コロナウイルス対策のようには目立ちません。そのような地味な政策に小池都知事が手をつけるはずはないのです。重いツケを払うのは、都民であることを強調しておきたいと思います。

台風が来ないこと、地震が来ないこと、豪雨に見舞われないことを祈ったところで、自然がそれに応じてくれるわけではありません。東京五輪の準備の一環として、7月に大型台風が関東を襲い、前線を刺激して豪雨が何日も続き、江東5区が浸水する状況を想定した危機管理のシナリオを書いておかなければならないのです。

もしも『東京防災』を改訂するなら

新型コロナウイルスの感染が世界中に拡大し、多数の犠牲者を出しています。日本も含め世界で第二波が到来していますが、ワクチンが開発されない限り、さらに第三波が到来する可能性があり、警戒を怠ってはなりません。

私は、2009年に厚労大臣として新型インフルエンザの流行に対応しましたが、そのときの経験が活用できることもあれば、そうでない場合もあります。「新型」と言われるように、このウイルスの特質はまだ十分には解明されていません。複数の型があり、また、変異もしています。

問題は、コロナのような感染症の蔓延《まんえん》時に、地震、台風、集中豪雨などの自然災害が同時に起こる場合です。これを複合災害と呼びます。

自然災害で避難を余儀なくされたときに、避難所がウイルスの感染防止には適していないのです。狭い空間に避難してきた人々が密集し、体育館などの空調もないような環境では感染が拡大する危険性が高まります。

先述した『東京防災』では、避難先の確認、防火防災訓練への参加、家具類の転倒防止、非常用持ち出し袋の用意、災害情報サービスへの登録、日常備蓄の開始などが細かく説明してあります。

この防災ブックには、感染症についても記述してありますが、わずか2ページ（168〜169ページ）ですが、「うがいと手洗いをする」「手袋をする」「マスクを着用する」といった基本的注意点は書いてあります。ただ、「他人との距離を開ける（ソーシャル・ディスタンス）」「密閉空間を避ける」などといったさらに細かい注意は記していません。とりわけ、今回のような未知のウイルスによるパンデミックに対する細かい指示までは書いていていません。

改訂するときには、2009年の新型インフルエンザ、今回の新型コロナウイルスの経験を踏まえた、さらに詳しい解説を加えてもらいたいと思います。

実は、2014年の夏に、デング熱の国内感染が70年ぶりに起こりましたが、感染源とされる代々木公園の蚊の駆除を徹底的に行い、早期に収束させることができました。ワクチンもなく、治療は対処療法のみですが、蚊を媒介しての感染であり、ヒトからヒトへの感染ではありませんでした。

つまり、今回の新型コロナのようなパンデミックではありませんでした。そのために、『東京防災』執筆のときには、デング熱患者の発生を例にとって、防災と同様な観点から記述するという発想にはならなかったのです。

2020年9月現在はまだ新型コロナウイルスが生き続けています。その状況で、台風や集中豪雨によって河川が氾濫したり、地震によって建物が崩壊したりすると、大変な状況に陥ります。

感染症は、ペストやエボラ出血熱や私たちが今経験している新型コロナウイルスのように、尊い人命を奪うこともある怖い病気です。そこで、感染防止のため、外出禁止などの隔離生活を強いられ、経済社会活動が阻害されるのです。しかし、細菌やウイルスのような病原体は生活に必要なインフラまでは襲いません。

これに対して、地震や台風は、電気、ガス、水道、道路、鉄道、空港、港など生活インフラを直撃します。家屋の倒壊、火災など甚大な被害をもたらし、人命も奪います。感染症と自然災害、いずれの被害のほうが甚大かの評価は難しいと思います。しかし、ウイルスや細菌という病原体は、生活インフラまでは攻撃しないだけ、まだ少しはましなのかもしれません。ただ、感染が長期にわたると、経済活動が萎縮してしまい、その点での被害は計り知れないものがあります。

自然災害とパンデミックが同時に発生した場合

問題は、両者が同時に到来する場合です。先に紹介した江東5区のハザードマップにしても、水害を想定したものであり、感染症の同時発生は想定していません。自然災害と感染症蔓延が同時発生した場合、住民の命を預かる政府や地方自治体としては、単一発生の場合に比べ、何倍もの努力が必要になります。

第一は、避難所を倍増させねばならないことです。密閉空間を避け、ヒトとヒトとの間隔を2メートル開けるとなると、単純に計算して、避難所の数を2～3倍にせねばなりません。

第二に、暑い夏、寒い冬の場合、冷暖房が必要ですが、体育館などでは、その設備がないところがあります。また、あったとしても、頻繁に換気が必要になってきます。さらに言えば、停電になったら、エアコンや扇風機や暖房器具などの電気製品は使えなくなってしまいます。

第三に、そもそも避難する際に、迅速さと感染防止を両立させることが困難なケースが多発すると考えられます。濃厚接触を避けろと言っても、河川の堤防決壊が迫っているときには、緊急で集団避難せざるを得ないからです。

第四に、医療崩壊をどう防ぐかという問題があります。感染症の治療と他の病気やケガの治療を同一の場所で行うことはできません。今回のコロナでも、医療機関のみならず、高齢者施設、福祉施設などで院内感染が起こり、大きな問題になりました。避難所で感染症患者が発生したときの対応マニュアルも必要になってきます。

これまで訓練してきた地震や台風への備えに加えて、感染症同時発生のケースについても、日頃からの訓練が必要です。病原体は県境を越えますので、とても一自治体で対応できる課題ではありません。中央政府の強力な支援と自治体間の協力が不可欠になってきます。同時に、今回の新型コロナウイルスの感染拡大の教訓から、国民一人一人が日頃から複合災害に備える必要があります。自治体での避難訓練も、複合災害対応のものに変えていかねばならないと思います。

冷房を入れようにも、扇風機を回そうにも、停電していれば不可能です。そのことを考えただけでも、複合災害の怖さがわかります。今から、その備えが必要です。

従来の防災対策では耐えられない

これまで厚生労働大臣や都知事として、国や東京都の危機管理に携わりましたが、最近の自然災害を見ると、防災対策について、従来の発想を大きく変える必要があることを痛感します。

第一は、台風の勢力の強大化です。その原因は、地球温暖化による海水温度の上昇です。海面水温が高いと、台風に水蒸気が大量に供給され、エネルギーが増します。それが最大風速60メートルを超える暴風となり、また1日で1カ月分を超えるような降雨量となるのです。

2019年9月の台風15号の風は想定外で、電柱は倒れ、樹木の倒壊で電線が切断され、長期間にわたる停電に悩まされました。その後に襲ってきた台風19号は、短時間に集中して雨が降り、甚大な被害が出ました。

また、地球温暖化による気圧配置の変化は、台風の進路にも影響を与え、日本を直撃する回数も増える可能性があります。また、北海道に上陸する台風も出てきます。

これからは、超大型台風に直撃されることを前提に対策を講じる必要があるのです。

近年は多数の河川が氾濫し、ダムも緊急放流をせざるをえない状況に追い込まれました。

堤防のさらなる整備が不可欠です。

台風19号では東京の多摩川が氾濫しましたが、破堤したのは、景観やプライバシーの保護を優先させる住民の反対で堤防の整備が進んでいない地点でした。スーパー堤防が整備されている部分では無傷だったのです。江戸川も同様な整備が行われていますが、スーパー堤防の上に立ってみると、その頑丈さが理解できます。

2009年夏の総選挙で政権交代となり、民主党政権が誕生しましたが、「コンクリートから人へ」をスローガンに、事業仕分けでスーパー堤防建設計画は中止されてしまいました。費用対効果を考えるとコストがかかりすぎるという理由からでした。

しかし、いったん河川が氾濫すると、台風19号のときの千曲川や阿武隈川に典型的に見られるように、広大な地域が被害を受け、損害額は天文学的になります。費用対効果を計算するときにも、前提となる超大型台風の発生確率を大きく見積もった計算式を使わねばなりません。限られた予算をどのように配分するか、それこそが政治家の腕の見せどころなのです。

東京を流れる善福寺川はかつて氾濫を繰り返し、多くの住宅が浸水しました。後で詳しく述べますが、その対策として、地下に調整池という巨大な貯水タンクをつくり、水量が増すと、ここに水を誘導して洪水を防止しています。このようなシステムを都内で進めていますが、大きな防災効果を発揮しています。これは、東京都の財政が豊かであることのおかげでもありますが、全国で、人口が密集する都市の河川で、同様な整備を進めることが豪雨への備えとなります。

電気文明の弱さ

第二は、電気文明の脆弱さです。台風15号に直撃を受けた関東地方、特に千葉県では数週間に及ぶ停電で、多数の県民が大きな苦痛を味わいました。電気が止まると、水の供給にも支障を来すことになり、生活が成り立たなくなります。

かつてのように井戸から水を汲み、薪《まき》を使って竈《かまど》でご飯を炊くような生活ならば何とかなりますが、今や井戸も竈もありません。停電が長期化すれば、冷蔵庫に頼った食生活は維持できません。９月はまだ暑い時期であり、食物の腐敗も早いのです。

各地区に、非常用の井戸を残すとか、卓上コンロや七輪を用意しておくとか、電気抜きの生き残り術も必要です。また、電気自動車の蓄電池には10日分の家庭の必要量を供給できるものもあり、今後の普及が期待されます。

大型台風に対応するには、電柱の地下化を進めねばなりませんが、第1章で述べたように、コストと住民の反対が問題なのです。後者については、地上部分に変圧器を置かねばならないために、自宅の前の歩道には設置を許さないという住民の反対が根強いのです。

ロンドンやパリは無電柱化率100%ですが、東京23区ではわずか8%です。景観のみならず、防災という観点からも、迅速に地下化を進めるべきだと思います。

第三は高齢化です。男性は80歳、女性は90歳まで長生きします。避難から始まって、いざという場合の救助まで、若い人を対象の場合よりも、時間も手間もかかります。しかも、高齢者は、老夫婦のみとか、一人で生活するケースが増えています。災害情報の連絡にも手間取ることを想定せねばなりません。

したがって、避難にしろ、救助にしろ、時間の余裕を十分にみた計画作成が必要なのです。

以上のように、防災に関して、大きな発想の見直しが必要であることを強調しておきたいと思います。

地下調整池とTokyo Tech Book

近年は日本列島各地で豪雨の被害が出ていますが、天災の怖さを実感させられるとともに、日頃からの備えが大切であることを痛感します。

また、避難指示については、発令が早すぎるくらいのほうがよいと思います。堤防が決壊すると一気に濁流が押し寄せ、逃げる時間がないからです。

東京のような大都市は、集中豪雨に弱いと言われていますが、私が都知事のときは、対策は着実に進めてきました。これまでは、時間50ミリの降雨に対応できるように、護岸の整備、調節池や分水路の建設を行ってきました。河川の水量が増したときに、地下に巨大なプールをつくって、そこに水を誘導して一時的に貯め、氾濫を防止するシステムが調節池です。50ミリまでは河道で、それを超える部分を調節池で対応するようにしています。

しかし、最近の降雨特性や浸水被害の発生状況を見ると、それ以上の対策が不可欠です。そこで、2012年11月に目標整備水準を引き上げ、区部では75ミリ、多摩部では65ミリの降雨に対応できるよう護岸や調節池などの整備を進めることにしたのです。

2019年の整備状況は、まず護岸整備については、46河川、324キロの整備が着実に進められています。調節池は、12河川28カ所がすでに供用開始となっており、貯留量は256万立方メートルです。また分水路は、5河川8カ所で12キロが完成しています。

善福寺川の調整池を視察すると、その巨大さに圧倒されますが、それが集中豪雨から家屋の浸水を防ぐ大きな役割を担っているのです。2019年の台風19号でも、善福寺川は氾濫しませんでした。まさに「備えあれば憂いなし」です。

2025年までに、調節池貯水量を360万㎥に拡大する予定です。

防災についてのもう一つの試みとして、2015年7月に〝Tokyo Tech Book:Add

ressing Urban Challenges〟という本をつくりました。これには、東京が誇るさまざまな技術が、見開きで日本語・英語の二カ国語で説明してあります。防災をはじめ、環境、交通対策、道路整備など多くの分野にわたりますが、これを海外の都市に役立ててもらいたいと思い、作成したのです。

たとえば、道路陥没に悩むソウルは、都と協定を結び、我々の技術支援の下、対策を講じています。在京の大使館や海外からの賓客にこの本を差し上げましたが、高く評価されました。東京都の技術が、世界の都市が抱える問題の解決に資すれば、うれしい限りですし、そのような都市間の協力が、国家・国民間の友好関係にもつながっていくと確信しています。

新型コロナウイルス第二波で「アジアの劣等生」に

新型コロナウイルスについての小池都知事や国の対応の問題点については、第1章でも述べましたが、第二波にも襲われてしまいました。危機管理という観点から、もう一度、国と東京都の対応について振り返ってみます。

2019年12月に中国の武漢で患者が出て以来、政府の初動体制の不備から、日本でも時間の経過とともに感染者が増えていきました。4月に緊急事態宣言が発せられて、いったんは収束に向かったと思われました。

しかし、5月25日に緊急事態宣言が解除されて以降、6月、7月、8月と日本列島で新型コロナウイルスの感染が再拡大していきました。第二波の到来です。8月19日には、感染症学会理事長も「日本は第二波の真っ只中」と表明しましたが、この第二波の拡大は、コロナ対策では日本が「アジアの劣等生」であることを意味します。

世界から見て、アジアの中で日本が「最も危険な国」の一つとして、渡航は勧められないゾーンとなってしまいました。8月末の人口当たりの感染者数では、フィリピンとインドネシアは日本よりも酷い状態ですが、日本は、中国、韓国、タイ、ベトナム、台湾より遙かに多いのです。

2020年初頭からの日本の対応を振り返ってみましょう。

1月に第一波が中国から到来したときには、震源地である武漢の惨状が伝えられていたにもかかわらず、すべて対岸の火事だといったような雰囲気で、水際対策を徹底するというような対策は講じられませんでした。観光、インバウンドへの期待もあって、春節で訪日する中国人に規制をかけなかったのです。

ところが、2月3日に横浜に帰港したダイヤモンド・プリンス号の乗客、乗員に大量のコロナ患者が発生してしまいました。そのときの日本政府の対応の酷さは内外の厳しい批判に晒《さら》されました。

しかし、それでもまだ、国内の感染者があまり増えないことから、政府や専門家会議は、市中感染という事態は念頭に置かず、クラスター潰しに全力を挙げたのです。濃厚接触者の数が限られていたこともあって、これは一定の成功を収めました。これで、クラスター潰し対策こそ「日本モデル」だとして、自画自賛するとともに、世界からも称賛されたのです。

このときに脚光を浴びたのが、厚労省のクラスター対策班であり、感染予想の数理モデルを提示した西浦博教授でした。

しかも、2月後半からイタリア北部を中心に新型コロナウイルスの感染が爆発的に拡大し、それは周辺のフランス、ドイツ、スペインなどの欧州諸国に伝播していきました。特に、ヨーロッパでは致死率が高く、多くの死者が出て、医療崩壊を来すほどになったのです。

そのヨーロッパの惨状が伝えられると、日本の死者の数が限られていることに注目が集まり、相対的に日本の評価が高まるという結果になりました。アメリカでも、3月になって、カリフォルニア州やニューヨーク州で非常事態宣言が発令されるなど、感染が拡大していき、日本のメディアも欧米の感染状況を大きく報道するようになりました。そこで、ますます日本の優等生ぶりに注目が集まるようになったのです。たとえば、その要因としてBCG接種を取り上げたり、きれい好きの日本人の生活習慣がもてはやされたりしました。

しかし、それらの説が正しいのか否かは不明です。逆に、第二波の感染が拡大し、「アジアの劣等生」になってしまうと、今度は、なぜ日本だけがアジアでひどい状態なのかという問いを発せねばならなくなりました。土足で室内に入らないといった日本人の生活習慣が変わったわけではないからです。

新型コロナウイルスは時間の経過とともに変異を遂げ、さまざまな型が生まれました。日本を襲ったのは致死率の低い型のウイルスですが、ヨーロッパ人を恐怖に陥れたのは致死率の高い型でした。アメリカでは、ヨーロッパにより近いニューヨーク州などの東海岸はヨーロッパ型、アジアにより近いカリフォルニア州はアジア型であり、4月のデータでは東西の致死率の差は明確でした。

3月29日にはタレントの志村けんさんが新型コロナウイルスに感染して亡くなってしまいましたが、これが国民に与えた衝撃は大きく、国民の感染防止対策励行に拍車を掛けました。3月は、イタリア、スペイン、フランスなど、ヨーロッパ諸国で都市封鎖が行われ、警察官がパリやマドリードなどの路上で取り締まりに当たる状況が、毎日のようにテレビで伝えられました。これもまた、国民の緊張感を高め、感染防止に寄与したと思われます。

以上のように、ほとんど「まぐれ」と言ってもよいように、順調にコロナ対策が進み、厚労省クラスター班や専門家会議に集まる感染症のプロたちは鼻高々であり、マスコミも、彼らの説をあたかも「神のご託宣」であるかのように無批判に垂れ流しました。42

万人が死ぬといった数理モデルがその典型です。

「通知行政」が第二波をもたらした

しかし、このクラスター潰しの背後で、市中感染がじわじわと進んでいたのです。感染症対策の大原則は「検査と隔離」です。その検査を怠っていたツケが、第二波につながったのです。

私は、一貫してＰＣＲ検査を増やせと主張してきましたが、「医療崩壊するから駄目だ」というような信じがたい反論が数多く返ってきました。テレビに出て平気でそのような信じがたい発言をする医師を見て、愕然としたものです。

クラスター潰しのときも、厚労省は濃厚接触者でも症状のないものにはＰＣＲ検査を行わないという信じがたい対応をとってきました。そのため、陽性でも無症状者は発見できず、それが市中感染の拡大につながったのです。このばかげた厚労省の指示を無視して、５月に北九州市が濃厚接触者のうち無症状者にも広くＰＣＲ検査を拡大したところ、一気に感染者数が増えたのです。

そもそも、こういう指針を厚労省が発出していたこと自体、国民には知らされていません。基本的な情報公開もせずに、「通知」行政で非常識、非科学的な対策を講じてきた国の責任は重いと思いますし、それを改めさせることもしなかった専門家会議も同罪です。さらに言えば、このような「通知」行政の問題点について調査報道すらしないマスコミの体たらくは度し難いものです。

検査が不十分だったことの非を悟ったのか、厚労省は、やっと8月18日の通知で、濃厚接触者でなくても、感染多発地域の医療機関や高齢者施設の従事者や入院・入所者も「感染を疑うに足りる正当な理由がある」人に含めることにし、検査を拡大する指示を出したのです。最初から、これを実行していれば、第二波は阻止できたかもしれません。

4月7日には政府が7都府県を対象に非常事態宣言を発令し、16日には対象が全国に拡大されました。その効果もあって、感染者数は減り、5月25日には非常事態宣言は解除されました。

ところが、6月以降、経済活動が再開されるにつれて、次第に感染者が増え、遂に第二波の到来となったのです。

PCR検査が増えない本当の理由

ところで、日本ではなぜPCR検査が諸外国のように迅速かつ大規模に進まないのでしょうか。感染者の数でニューヨーク州を抜いて全米トップとなったカリフォルニア州に住むアメリカ人の友人に尋ねると、電話一本ですぐに検査を受けて、翌日には結果がわかったといいます。

日本では、保健所の体制が貧弱であることなどさまざまな問題がありますが、根本的な問題は厚労省の規制、そして国立感染症研究所（感染研）の情報独占体制です。民間でも、大学病院やラボなどで、検査する能力があるところは多々あります。しかし、これを積極的に活用できないような仕組みがあり、その仕組みには、「保険適用」という言葉が関係してきます。

濃厚接触者などが保健所の指示でPCR検査を行えば、本人に費用負担は生じません。

一方でもし、自費で検査を受ければ2万〜4万円の負担となりますが、これに保険を適用することができれば、個人の負担は軽減されます。

ゆえに厚労省は、医師が必要と認めたときには検査に保険適用することを3月6日から実施することを許可しました。ところが、医療機関でも保険によるPCR検査は「感染研の積極的疫学調査の業務委託」という形になっているのです。そのため、都道府県と医療機関の契約が必要になり、その契約のために1カ月もの期間が浪費されることになってしまいます。

つまり、アメリカのように、医師と患者が必要と判断すれば簡単に検査できる体制が整わなかったのは、民間で行った検査のデータも全て感染研が独占しなければ気が済まないと言っても過言ではありません。前身が大日本帝国陸軍の機関だっただけに、情報独占こそ権力の源泉であることを知っている組織であり、情報隠蔽《いんぺい》体質が染みついているようです。

しかも、この保険適用方針も、法律のようなルールで決められるわけではありません。すべて厚労省の役人が出す「通知」で行われます。たとえば、厚労省健康局結核感染症課長が出す通知は、国会のコントロールも利きません。私も厚労大臣を経験しましたが、大臣が課長レベルの通知を一つ一つ点検しているわけではありません。トップの大臣すら知らないまま、官僚が国の大きな方針を決めているのです。

つまり、このような通知行政は法治国家の根幹にも関わるものなのです。日本の法体系の下では、通知は「単なる技術的助言」という位置づけになっているので、官僚は、タテマエは「医学上、易学上の専門分野についてのテクニカルなアドバイスですから」と言いながら、ホンネでは国会で制定された法律の中身を変更するようなことすら、通知で行うのです。まさに通知は、役人の恣意的な法律運用の隠れ蓑になっています。

保健所や地方衛生研究所だけではなく、大学の医学部、民間医療機関、民間検査機関による検査を可能にし、公費負担にするような法的な裏付けが必要です。そして、検査の結果は感染研に独占させるのではなく、広くデータベースとして活用できる体制にすべきです。

このように、ＰＣＲ検査の問題一つをとってみても、２０２０年９月現在の感染症法には不備が多いことがわかります。

弁解したいときだけ検査数を公表

ここに至る経過を振り返りますと、最初から対策が失敗していたことがわかります。

第一の問題は、情報を隠匿し、操作すらしてきたことです。厚労省の発出する「通知」は、法律と違い、国会のチェックもなければ、マスコミも目にしません。共産党の独裁国家である中国に情報公開を求めても意味がありませんが、実は、日本国や東京都は中国以上に巧妙に情報操作をしているので、もっとたちが悪いのかもしれません。

東京都は陽性者数とＰＣＲ検査数を同時に公表しません。小池都知事は、「今日は○○件と検査数が増えたので、陽性数も増えています」などと、弁解する理由を見つけたいときだけ検査数を言います。

しかし、群馬県は、ＰＣＲ検査数と陽性者数を同時に発表しています。たとえば、８月19日の発表には、検査４０８件、陽性者15件と記され、内訳がＰＣＲ検査数２８４件、県衛生環境研究所76件（うち陽性7件）、民間検査機関１４５件（うち陽性５件）、医療機関63件、抗原検査１２４件（うち陽性３件）と詳細に公表されています。

なぜ同じことが東京都にはできないのでしょうか。できない理由を明らかにし、できるようにするのが都知事の仕事です。常識で考えれば、検査数がわからないのに、陽性者数がわかるはずはないからです。都内の保健所からのデータが手書きのファクスであったりするような博物館行きのアナログ手法をまだ使っているのです。デジタル化し、パソコンを駆使すれば瞬時に解決できるのはずです。「病膏肓《やまいこうこう》に入《い》る」という感じです。

第二は、中央と地方の役割分担が明確でないことです。私が厚労大臣として新型インフルエンザと闘ったとき、感染症法では知事の権限があまりにも弱すぎるという反省がありました。そこで、先述したように、政権は民主党に代わりましたが、感染症対策についても、知事が災害対策基本法に定められた程度の権限を持てるように、新型インフルエンザ特措法を制定したのです。

しかし、今回のコロナ対策についても、緊急事態宣言下での国と地方の権限と役割が明確ではなく、営業自粛要請に伴う補償金についても、地方の財政力のみでは対応できないという不満が地方から噴出しています。

新型コロナウイルスの感染が再拡大する中で、重症者の比率が高まると、医療崩壊につながるので注意が必要です。ところが、重症者の定義として厚労省が示した基準を、東京都、静岡県、滋賀県、京都府、高知県、福岡県、茨城県、和歌山県８都府県が使用せず、独自の基準を採用していたことがわかりました。これでは、47都道府県を比較する意味がなくなってしまいます。

厚労省は、①ＩＣＵに入室、②人工呼吸器使用、③ＥＣＭＯ使用のいずれかに当てはまる場合を重症者とするという基準を、「通知」で47都道府県に伝えています。この問題が話題になったので、はじめて通知の中身がわかったのです。

以上のような問題を直視し、迅速に対策を講じないと、第三波、第四波にこの国は耐えられないと思います。

「東京版ＣＤＣ」というパフォーマンス

夏になって東京では新型コロナウイルスの感染が再拡大し、８月１日には４７２人と過去最多を記録。その後も２００人以上の感染が連続する危機的な事態となりました。

そして、感染は全国に広がり、1日に1000人を超える日が続き、沖縄県や岐阜県などでは知事が緊急事態宣言を発するまでになってしまいました。

第二波の震源地が東京であることは確かであり、その意味で当時の菅義偉官房長官が言ったように「東京問題」なのです。小池都知事の初期対応にミスがあったことは間違いありません。「夜の街」を攻撃するだけで、PCR検査の徹底、歌舞伎町との対話など必要な手を打ちませんでした。吉住健一新宿区長のほうが積極的に対応したと思います。

8月3日から、酒類を提供する飲食店とカラオケ店の営業を夜10時までに短縮するように要請し、要請に応じた事業者には協力金20万円を支給することを決めましたが、遅すぎましたし、20万円では要請に応じない事業者も出てきました。

小池都知事の問題点は、思いつきで政策を掲げ、その政策が実現しようがしまいが、知ったことではないという姿勢で一貫していることです。そして、言ったことを簡単に忘れ、責任も感じないのです。

7月の都知事選でも、これと同じような思いつき公約を引っ張り出してきましたが、それが東京版CDCをつくるという構想です。「第二波を防ぐために」というのがその創設理由でしたが、第二波は来てしまいました。

アメリカのCenters for Disease Control and Prevention（ＣＤＣ、疫病予防管理センター）は、アメリカ連邦政府の機関です。ウイルスや細菌などの病原体は州の境を越えて移動しますので、ＣＤＣがアメリカ全土に監視の目を光らせています。これは連邦組織だからできることで、ＣＤＣは本部に７０００人、支部に８５００人の職員が勤務しています。予算は８０００億円で、感染防止、感染状況の把握、ＰＣＲ検査、ワクチン開発などの課題についての司令塔です。

日本の場合は、国立感染症研究所（感染研）がアメリカのＣＤＣに相当しますが、職員数は３００、予算は40億円です。つまり、ＣＤＣの50分の１のスタッフで、予算は２００分の１であり、ＣＤＣをモデルにすること自体が間違っています。

しかも、感染研の情報隠蔽《いんぺい》体質と規制が、日本の新型コロナウイルス対応を大きく間違わせたことは否定できません。ＰＣＲ検査数を１日２万件にするという安倍首相の公約すらすぐに実現させなかったサボタージュがその典型的例です。

官の組織は、感染研のように情報の独占を図り、それを権力の源泉にしてしまいます。

ＰＣＲ検査が迅速に増えないのは、この感染研の体質が理由なのはすでに述べた通りです。その欠陥を再生産するような「東京版ＣＤＣ」をつくってどうするのでしょうか。今、必要なのは、この感染研を独立法人化するなど、抜本的な改革をして十全に機能させることです。

感染状況を見ても、東京都、埼玉県、千葉県、神奈川県の１都３県が一体となっていることがよくわかります。東京版ＣＤＣをつくると言いますが、その組織は、都内の会社に勤務し、埼玉県の自宅との間を往復する会社員を管理できるのでしょうか。つまり、東京だけをカバーする組織は、感染症には無意味だということです。病原体には都道府県境はありませんので、ＣＤＣは全国をカバーする組織でなくてはなりません。

仮にアメリカで「ＣＤＣの○○州版をつくる」などという州知事がいたら、笑いものになるだけです。ＣＤＣは連邦組織だからこそ意味があるのです。

既存の組織もきちんと動かすことができないのに、新しい組織をつくって問題が解決するわけではありません。小池都知事が自分の衆議院時代の選挙区である豊島区を優先する態度に、歌舞伎町のある新宿区は怒っていますし、保坂展人世田谷区長は都が動かないので、区独自にPCR検査を増やすことを決めました。

都内にある市区町村は、保健所の人員増など、都からの支援を期待していますが、それもほとんど行われていません。パフォーマンスのためか、国との対立を演出し、GoToトラベルキャンペーンで東京都だけが除外されてしまいました。

隣接する神奈川県、埼玉県、千葉県と緊密に協力しなければ、ウイルスの封じ込めは不可能です。しかし、これら3県は財政力では東京都と歴然とした格差があり、その点でも東京都から何らかの支援をすべきなのです。

東京版CDCのような新しい組織をつくれば、それは利権の巣窟となります。東京都は、傘下に数多くの会社や組織を抱えており、これが職員の天下り先になっています。霞が関の役人よりも、都の役人のほうが、給与の面でも、潤沢な天下り先についてもはるかに恵まれています。屋上屋を架すような愚はやめたほうがよいと思います。

小池百合子という政治家は、よく考えないで思いつきで物を言います。豊洲も築地も五輪も、すべてそうで、人気取りのためのパフォーマンスでしかありません。関係者のさまざまな意見をよく聞いて、慎重に政策を形成するということのできない目立ちたがり屋にすぎないのです。

東京五輪をどうするかも難問です。すべては、世界における新型コロナウイルスの感染状況次第であり、IOCや組織委員会がどう頑張っても展望が開けるわけではありません。さらには、ワクチンの開発状況にもよりますが、効果的で安全なワクチンが直ぐに開発されるという期待が現実のものとなるかどうかはわかりません。

3月24～25日に東京五輪延期が決まるまでは、小池都知事は新型コロナウイルスの感染について、説明も事務方任せで、自ら会見にすら出てきませんでした。そして、延期が決まるや否や、コロナを材料にして、ロックダウン、オーバーシュートなどという横文字を使って、自らの存在感を誇示しようとしたのです。

この大衆扇動家の次の餌食になるのは東京五輪です。過剰な政治的計算だけは避けてもらいたいものです。

第5章 文化・芸術が遅れている

文化や芸術で東京は負けている

フランス、スイス、ドイツなどヨーロッパで青春を過ごした私は、日本がこの地域に比べて見劣りするのが「芸術・文化」の分野であることを痛感してきました。

海外の姉妹友好都市を都知事として訪問した際にも、文化や芸術では東京は負けている。これでは世界一の都市になれないとため息が出るような気持ちになったものです。何としても、この状態を改善したいというのが私の思いで、文化振興を大きな政策の柱に据えたのです。

ここでも江戸時代が大いに参考になりました。浮世絵が好きな私は、展覧会にもよく足を運びますが、毎回感嘆の声を上げたくなるくらいに素晴らしいものです。喜多川歌麿や東洲斎写楽を世に出したのは、蔦屋重三郎ですが、蔦重のようなプロデューサーの智恵にも感服します。さらには、絵師のみならず、彫師など、江戸の浮世絵を完成させた人々の努力と美的センスには、頭が下がります。

浮世絵は、今の貨幣価値に直すと、当時は1枚500円くらいで買えたそうで、それが包装紙として活用され、海外に流出して、セザンヌ、モネ、マネ、ゴッホ、ルノワールらの印象派に大きな影響を与えたことは周知の事実です。

以上のように、江戸文化のみを振り返っても、日本文化は世界でも有数のものなのです。オリンピック・パラリンピック大会は、単にスポーツの祭典であるのみならず、文化の祭典でもあります。２０１２年の大会を契機に、ロンドンは世界の都市ランキングで世界一に躍り出ました。ニューヨークが2位、パリが3位、そして東京は4位でした。

調査を行った研究所の報告書を見ますと、文化・交流という分野では、1位ロンドン、2位ニューヨーク、3位パリ、4位シンガポール、5位ベルリン、6位東京となっています。またアクター別ランキングでアーティスト分野では、1位パリ、2位ロンドン、3位ニューヨーク、4位ベルリン、5位ウィーン、6位アムステルダム、7位ロサンゼルス、8位東京でした。

この状態を打破し、何とかして文化の面でも、東京の順位を上げたいと思ったのです。そこで、文化振興策について議論し、政策を練り上げるために、芸術分野の多くの関係者に集まってもらい、私も参加して、文化政策の方向付けをしました。その結果、２０

15年3月に策定したものが、「東京文化ビジョン」であり、これは東京都の芸術文化振興における基本指針です。それは、同時にオリンピック・パラリンピック東京大会に向けた文化プログラムを先導し、東京の世界文化戦略の一環となるものでした。

理念としては、①東京の芸術文化のオリジナリティあふれる多様性を発信する、②東京の更なる成長の柱として芸術文化を位置付ける、③オリンピック・パラリンピックを契機に有形・無形の文化レガシーを創出する、④東京を舞台にあらゆる人々の交流と世界中のアーティストの創造活動を促進し、芸術文化の力を世界平和の実現につなげていく、⑤芸術文化の力で東京を変える取り組みを全国に広げ、文化が牽引《けんいん》する新たな日本をオールジャパンで創出するという5つを掲げました。

そして、文化戦略として、①伝統と現代が共存・融合する東京の独自性と多様性を追求し、世界に発信する、②多彩な文化拠点の魅力向上により、芸術文化都市東京の発信力を強化する、③あらゆる人が芸術文化を享受できる社会基盤を構築する、④新進若手を中心に多様な人材を国内外から発掘・育成、新たな創造とビジネスのチャンスを提供する、⑤都市外交を基軸に国際的な芸術文化の交流を促進し、グローバルな競争力を高める、⑥教育、福祉、地域振興等、社会や都市の課題に芸術文化をソリューションとして活用する、⑦先端技術と芸術文化との連携によりクリエイティブ産業を支えるイノベーションを推進する、⑧東京のポテンシャルを体現し、世界から認知される文化プログラムを実現するという8つを決めました。

この戦略を展開して、カンヌやベネチアに負けないような映画祭や、ザルツブルクに引けを取らない音楽祭などをつくり出したいと思ったのです。加えて、都市型総合芸術フェスティバルとして「東京芸術祭」を始めることも考えました。2016年度は、リーディングプロジェクトとして、①さまざまな街をアーティストが訪れ、多彩なパフォーマンスをライブ上演していく「東京キャラバン」（野田秀樹提案）、②アーティストと福祉関係者が協働して共同創作する「障害者アートプログラム」（日比野克彦提案）の2つを実施することにしました。

まさに、「東京文化ビジョン」策定によって、文化でも世界一と誇ることのできる東京への動きが始まったのでした。

文化の熟成には時間がかかる

オリンピック・パラリンピック大会の文化プログラムに先駆けて都が実施する「リーディングプロジェクト」は、予定通り始まりました。2015年10月には、「東京キャラバン」の公開ワークショップを駒沢公園で行いました。提唱者の東京芸術劇場芸術監督である野田秀樹は、次のように説明しています。

＊　＊　＊

「東京キャラバン」とは、あなたの町へ神出鬼没、やって来ては繰り広げられる「アート旅団」あるいは「文化サーカス」とでも呼べばいいのか？　なにせまだ、誰もやったことのないアートキャラバンです。（中略）今回2020年の東京五輪を機に、TOKYOが、更なる「文化の町」として変容することを願って、2020年の後もレガシーとしてのこる「アート旅団／文化サーカス」でありたいと思っています。それが東京キャラバンです。（中略）「東京キャラバン」が出現する場所、そして、そこで行われる演目は、毎回、異なり、次々に増幅していけば、などと、勝手に夢想しております。

＊　＊　＊

「東京キャラバン」は、私の辞任後も予定通りに活動し、２０１６年8月には五輪に沸くリオデジャネイロで、「CULTURE & TOKYO in RIO」という催し物の枠組みの中で実施し、その後、9月には東北、10月には六本木で開催されました。

また、「障害者アートプログラム」は、「ＴＵＲＮ〜ひとがはじめからもっている力の回帰〜」という呼称で活動を始めました。２０１２オリンピック・パラリンピック・ロンドン大会の「文化オリンピアード」の一環として、障害のあるアーティストを支援する活動が「Unlimited」という名称で展開されましたが、ＴＵＲＮは、それを参考にしたものです。

「東京文化ビジョン」の35ページには、「障害を力として捉える。欠けているのではなく、能力として。この力は、誰しもが生来もっている生命の力。『ＴＵＲＮ』は、全てのものはつながり関係しあっているという日本古来からの価値観をベースにした『共生』へのメッセージです」と記されています。

２０１６年3月には、東京都美術館で「ＴＵＲＮフェス」を開催し、また夏には、

「東京キャラバン」とともに、リオデジャネイロで「TURN」も「CULTURE & TOKYO in RIO」の一部として、さまざまな活動を行いました。ブラジルから帰国後も10月には国立新美術館で、「TURN in BRAZIL」を開催しています。

文化の熟成には時間がかかります。このような新しい試みが、小池都知事の下で、政治的思惑で中断されないことを祈るのみです。

アール・ブリュット

障害者のアートといえば、アール・ブリュット（Art Brut）のことが頭に浮かびます。この言葉はフランス語で、直訳すれば「生の芸術」ですが、正規の美術教育を受けていない人が自発的に生み出した絵画や造形であり、既成の流派やモードにとらわれないものです。

フランスの画家、ジャン・デュビュッフェ（1901～1985）が、1945年に提唱したカテゴリーです。彼の伝記から、少し引用してみましょう。

＊　　＊　　＊

1945年の暮れデュビュッフェは、（中略）二回目のスイス旅行を試みた。（中略）このスイスでの見聞をとおしてデュビュッフェが思い知ったのは、社会的な適応から切り離されながら、独学で自分の楽しみのために独創的なものを生み出す能力の持ち主が大勢いることだった。彼らはそれだけでも立派な芸術家ではないか。もちろん美術の伝統にも流行にも属していないが、その自発的で本能的な作品にはどぎまぎするような発想、純真なまでに綿密な表現、奥深い生のエネルギーが潜在しているとも思った。デュビュッフェがそのような人びとの芸術を「アール・ブリュット（なまの芸術）」と名づけるのは、ポーランとル・コルビュジエに同行した最初の旅行中だったと考えられる。

（末永照和『評伝　ジャン・デュビュッフェ』青土社、2012年、111〜112ページ）

＊　　＊　　＊

私は40年前にフランスに留学したとき、デュビュッフェの奇抜な絵や造形作品が好きになり、模写したり、模造したりしたものです。当時20代だった私は、彼の作品の虜《とりこ》になりましたが、それがアール・ブリュットへの誘いとなったのかもしれません。

Art Brutを、英語ではOutsider Art（アウトサイダー・アート）と訳しますが、この英語の語感は好ましくありません。「社会から外れた人たちの芸術」といったニュアンスだからです。やはり「アール・ブリュット」という呼称にしたいと思いました。

絵や彫刻などは、本物を観なければダメです。それは、写真、複製、作品カタログなどをいくら観ても、本物を見分ける目など養われないからです。

私が国会議員のとき、海外から美術品を借り受けて開催される展覧会は、不況による主催者側の体力低下に加え、テロや自然災害などによる美術品保険料の高騰により、回数の減少や規模の縮小、展覧会自体の中止が相次ぎました。そこで、この問題に関心のある議員たちが努力し、「展覧会における美術品損害の補償に関する法律」（２０１１年6月1日施行）の制定にこぎ着けました。

この法律は，政府が美術品の損害を補償する制度を創設することによって，海外などからの美術品の借り受けを円滑にし，展覧会の主催者の保険料負担の軽減等を図り，国際レベルの展覧会や地方巡回展の開催を促進しようとするものです。この法律によって、世界一流の美術品を日本で鑑賞することが引き続き可能になったのです。何度も言いますが、複製や美術書ではなく、本物を観ることが大事なのです。

海外では、美術をはじめ芸術や文化に無知・無関心な政治家は尊敬されません。ヨーロッパに留学していた若い頃、文化に造詣の深い欧州の政治家に接して、私も美術や芸術への教養を深めていきました。都知事になったとき、40年にわたるその蓄積を東京のために使おうと決意し、それを都市外交などで実践してきましたが、それなりの成果をあげたと思っています。

２０１５年秋にパリを訪問したとき、アール・ブリュット作品を展覧するアル・サン・ピエール美術館を視察しましたが、既存の価値観にとらわれない、感性を前面に出した数々の作品を見て、驚くとともに、感動したものです。

ところが、このようなアール・ブリュットの拠点が東京にはありません。そこで、私は、オリンピック・パラリンピック東京大会までには、その拠点をつくる決意を固め、フランスから帰国後、すぐに２０１５年11月に、アール・ブリュットの検討部会を立ち上げ、２０１５年11月５日には、第１回会合を開いたのです。

２０１６年になって、アール・ブリュット美術展を開催することを決め、まず、６月25日から６日間、都庁第一本庁舎の45階南展望室で約50点の作品を展示することにしましたが、開会日の４日前に私は都知事を辞任しました。「舛添バッシング」で歓喜の声を上げるマスコミも世間も、このような小さな企画など関心すら示しませんでした。残念です。

幸いなことに、このアール・ブリュットの企画は、新知事の下で反古《ほご》にされることなく、11月には東京国際フォーラムで「ヒューマンライツ・フェスタ東京２０１６」の一環として、展覧会が開かれました。そして、２０１７年１月19日には、日比野克彦部会長の下、「アール・ブリュット検討部会、報告書（素案）」がまとまりました。これを受けて、２０１７年11月には、渋谷にあった「トーキョーワンダーサイト渋谷」が「東京渋谷公園通りギャラリー」として改編され、アール・ブリュットの拠点となりました。

昼はスポーツ、夜はアート

オリンピック・パラリンピック大会の文化プログラムを企画する上で、国内外の文化施設とのネットワークが欠かせません。２０１５年秋にパリを訪問したとき、前駐日大使のクリスチャン・マセ外務次官が、オルセー美術館やポンピドゥー・センターなど、パリの美術館の館長や学芸員との昼食懇談会を開いてくれました。その場で、パリ側が東京の美術館との連携を強化していくことを約束してくれました。

日本国内で、都や隣接県に存在する美術館相互の協力も不可欠であり、私は、できるだけ多くの美術館を視察し、館長やスタッフと議論を重ねてきました。その結果、文化施設の広域共通パスポートの発行、多言語対応化などを推進する方針が決まりました。

オリンピック・パラリンピック東京大会のときには、昼間はスポーツ競技を観て、夜は芸術鑑賞ができるようにしたいと考えたのです。そのためには、美術館、歌舞伎などの劇場、コンサートホールなどの開館時間を延ばすことが必要で、その旨を施設の代表にも伝え、協力を要請しました。

40年前のパリでは、若い留学生の大半は、画家や音楽家などの芸術家の卵たちでした。私のような社会科学を勉強する者は少なかったのです。当然友人たちの多くが美術学校やコンセルバトワール（国立音楽院）に通っていました。その影響で、門前の小僧よろしく、音楽や美術に触れる機会が多かったのです。

音楽家たちとは、毎晩のようにコンサートに行きましたが、パリには大小、多数のコンサートホールがあり、しかもチケット代が安かったのです。セーヌ河を挟んで、私の家の対岸にシャンゼリゼ劇場があり、そこの会員になると、毎週土曜日の午前中（マチネ）に素晴らしい一流のコンサートを聴くことができました。今の日本の貨幣価値に直すと、２０００円くらいだったと記憶しています。

パリには、ルーブルをはじめ多くの美術館があることは周知の事実ですが、これまた入場料が安いし、40年前には、土曜日は入場料が無料でした。それは、週日に働いているパリ市民のために、週末の土曜日のみ、美術館を無料で開放し、芸術に触れてもらいたいという配慮からでした。週日や日曜日は、外国からの観光客や富裕なフランス人が有料で入場すればよいという考え方なのでした。

美術館でもコンサートでも、日本は、フランスに比べて入場料が高すぎます。もっと安価で、都民が容易に芸術にアクセスできる手を考えなければならないと思いました。

上野には、美術館、博物館、コンサートホールなど、芸術施設が集中し、文化の集積があります。東京文化会館も2014年12月にリニューアルオープンしました。東京から日本文化の魅力を世界に広めていくためにも、周辺の商業施設や交通機関などとも一体にして整備し、上野を一大文化拠点とすることにしました。JR上野駅の公園口周辺の再整備も計画しました。具体的には、公園口改札を北側に移設するほか、公園入り口広場の整備や園路のロータリー化、駅前区道の相互交通化などです。このプランは、私が辞任した直後の2016年7月に公表されましたが、2020年度中には完成する予定です。

再開発について、上野の文化施設の代表たちと将来プランについて相談したとき、上野の森が夜は暗くて怖いという問題が提起されました。夜に文化施設が開いていても、これでは集客ができません。しかし、自然保護派は、夜明るいと、野鳥の安眠が妨げられると反対します。そこで、上野の森をライトアップする地域とそうでない地域に分けるゾーニングの発想を取り入れることにしました。

2016年7月には国立西洋美術館が、「ル・コルビュジエの建築作品」の一つとしてユネスコの世界遺産に登録されました。私が進めてきた上野再整備計画が、政治的思惑で歪められることなく、今後とも継続されることを期待してやみません。

劇場・ホールの不足という問題については、2016年3月30日、馳浩文部科学大臣に対し、「都内ホール・劇場等の問題に関する対策について」の緊急要望を行いました。その要望の内容の第一は、国、東京都および首都圏の自治体により、情報を共有し、課題解決を図る場を設置すること。第二は、大学が有するホール等施設の活用を促進すること。第三は、バレエやオペラ公演の充実に向けた、新国立劇場の民間団体利用促進への配慮をすることです。このような協力体制を強化することで、国と首都圏が協力して、劇場・ホール不足の問題を解決することが可能となります。

この会談を受けて、この問題について、5月に東京都は以下の5点の緊急取り組みを実施することを決めました。①都内全域における約1300件のホール・劇場等の基本情報を整備、②都有地11カ所を、野外コンサート会場等として活用できるよう情報提供、③実演家団体等へのヒアリングを行い、ホール・劇場確保の現状や課題を把握、④東京芸術文化評議会ホール・劇場等問題調査部会において解決策を検討、⑤国への緊急要望の実施。

しかし、この取り組みを発表した1カ月後に、私は辞任することになってしまいました。任期途中での辞任は多くの計画を頓挫させてしまいます。重ね重ね残念でした。劇場・ホール問題については、今後とも引き続き取り組んでもらいたいと思っています。

東京ブランディング戦略

２０１９年に日本を訪れた外国人旅行者数は３１８８万人（前年比２・２％増）と日本政府観光局が統計を取り始めた１９６４年以降で最多となりました。また、訪日外国人の旅行消費額は、４兆８０００億円（前年比６・５％増）でした。

東京も、同年の外国人旅行者数は１５１８万人（前年比６・６％増）と過去最高を記録しました。また、外国人旅行者の観光消費額は1兆２６４５億円（前年比５・７％増）となっています。

残念ながら、２０２０年は、新型コロナウイルスの感染拡大、そしてオリンピック・

パラリンピック東京大会の延期ということもあって、観光は振るいません。しかし、コロナ収束後を見据えて、東京都も観光戦略をしっかりと立案しておく必要があります。2020年夏に政策投資銀行とJTBがアジアや欧米豪を対象に行った調査では、コロナ収束後に訪問したい国は日本が一位だという結果が出ています。

東京を世界一の都市にするには、観光でも世界一にならねばなりません。ロンドンと言えば、ウェストミンスター、バッキンガムなどの伝統とともに、2012年のオリンピック・パラリンピックを機に展開した現代文化が魅力を放っています。

2014年に訪ねたときも、私が留学中の40年前と全く変わらない姿とともに、変貌をとげた21世紀の都市の姿があり、感動したものです。パリも同様で、ルーブル美術館の中のピラミッド、また最近論争の種になっている新規な建造物建設計画など、かつてのエッフェル塔建設のときのような雰囲気があります。ニューヨークも、新大陸の都市としての歴史と、経済や文化で世界をリードする先進性を融合させながら、常に未来へ向かって動いています。

東京もこれらの都市と競争しているのであり、観光面の方針策定のため、東京ブランドを確立すべく、２０１４年６月に有識者による「東京のブランディング戦略会議」を設置しました。そして、そこでの議論を通じて、２０１５年３月末に「東京のブランディング戦略」を策定したのです。

その戦略の中身ですが、まずは、旅行地としての魅力的な東京のイメージを「伝統と革新が交差しながら、常に新しいスタイルを生み出すことで、多様の楽しさを約束する街」と表現しています。東京ブランド確立のために、「国内での共有」と「海外への浸透」の両面で取り組むことにしました。ニューヨークには、〝I♥NY〟という有名なロゴがあります。東京についても、そのようなブランドデザインの視覚的統一を図りたいと思いました。そのためには、都民や民間事業者とブランドコンセプトを共有すべきと考え、それを外国人旅行者受け入れの気運の醸成につなげ、海外に対しては、魅力的な東京のイメージを常に発信していくことにしました。

具体的には、①シンボルとなるロゴ・キャッチコピーを制作する、②都民・民間事業者と連携するため「東京ブランド推進会議」を設置する、③国内外で活躍する著名人を「東京ブランドアンバサダー」に任命し、広くＰＲしてもらう、④「東京文化ビジョン」

のさまざまな企画やオリンピック・パラリンピック東京大会関連イベントと連携するという方針を固めました。

この方針の下、２０１５年10月には、「&ＴＯＫＹＯ」という東京ブランドのロゴ・キャッチコピーを決めました。

「&ＴＯＫＹＯ」の展開例としては、①個人名と「&ＴＯＫＹＯ」、②食と「&ＴＯＫＹＯ」、③商品と「&ＴＯＫＹＯ」、④サービスと「&ＴＯＫＹＯ」、⑤地域と「&ＴＯＫＹＯ」、⑥ショッピングと「&ＴＯＫＹＯ」などがあります。

たとえば、私なら名前と併せて「Ｙｏｉｃｈｉ&ＴＯＫＹＯ」として使えますし、キリンビールは、「一番搾り&ＴＯＫＹＯ」というラベルを貼った東京限定ビール「キリン一番搾り『東京づくり』」を売り出してくれました。

２０１６年2月10日に、東京ブランドのロゴマークである「&ＴＯＫＹＯ」の活用事例の発表会を行いました。その際に、フレンチシェフの三國清三、俳優の別所哲也、歌手のきゃりーぱみゅぱみゅの３人を「東京ブランドアンバサダー」として任命させていただきました。この３人の大使が、東京の魅力を世界に向かってＰＲしてくれることになったのです。

気づいていない観光資源

ところで、私たち日本人が気づいていない観光資源が、東京にはたくさん眠っています。これを活用することが、東京へのリピーターを増やすことにつながります。2016年2月16日には、「東京の観光振興を考える有識者会議」を開きました。この分野の専門家の方々や外国人にお集まりいただいて、さまざまなアイデアを出してもらいました。

会議では、まずは「水辺」に焦点を当てた議論を展開することにしました。東京はベニスに負けない「水の都」であり、舟運の活性化をはじめ、数々の政策課題があり、まさに「水辺の活用」が第一のテーマでした。

さらには、ライトアップについても、専門家から説明されました。都市と田舎の差異は、夜の明るさであり、東京はロンドン、パリ、ニューヨークなどの諸都市と比べて、暗いし、またライトアップに関する基本的方針も確立されていません。夜のエンターテインメントの不足とともに、この点が東京の都市としての魅力を失わせています。そこで、抜本的な改革を行う決意を固めたのです。「光による演出」が第二のテーマでした。

第三のテーマは「宿泊」でした。新型コロナウイルスの感染拡大前は、外国人旅行者の急増により、東京ではホテルや旅館の予約が難しくなっていました。都庁近くの新宿のホテルに旧正月の頃に行くと、春節の休暇ということもあって、中国人観光客に占領されているような感じでした。

彼らには大いに東京を楽しみ、そして消費してもらいたいと思いましたが、受験生の宿が確保できないといった苦情も出ていました。オリンピック・パラリンピック東京大会を前に、このホテル不足を何とかしなければならないのです。また、空き家の活用も大きな課題ですし、特区を利用した民泊の推進も大田区では始まっています。

以上の3つのテーマで議論が展開された第1回有識者会議では、さまざまな斬新な提案がなされ、大いに参考になりました。

東京ブランド戦略には、都民や民間事業者が積極的に協力してくれましたが、その直後に私が辞任することになり、「&TOKYO」ロゴを展開する気運に水を差してしまいました。

ロゴ・キャッチコピーはすぐに定着するものではなく、一定の期間は地道に広報を続ける必要があります。私の後任の小池知事は、私が始めたということで、この「&TOKYO」にも批判的であり、無視されていますが、ブランド戦略を策定するまでの経過や関係者の努力を振り返ると、活用されていないのは実に残念です。

外国の要人が称賛してくれた東京のよさ

私は、外国人旅行者が快適で安心して滞在できる環境を整備する努力を重ねました。たとえば、東京を交通渋滞の少ない、そして空気のクリーンな都市にするために力を注ぎましたが、それは東京を訪れる外国人から大いに賞賛されました。世界の大都市の多くは、交通渋滞と大気汚染に悩まされていますので、都庁を訪ねる外国の要人たちは、開口一番にこの点での東京の素晴らしさに言及したものです。

私たちが外国を旅行するときに、その地の住民が親切に案内してくれると助かります。自分の経験からしても、そのような街は好きになりますが、逆にスリの被害に遭ったりすると、もうその街が嫌になってしまいます。

２０１４年12月には、外国人旅行者が東京で快適に過ごすことができるような環境を整備するための基本方針を定めました。それが、「外国人旅行者の受入環境整備方針〜世界一のおもてなし都市・東京の実現に向けて〜」です。

まず、「受入環境整備のための５つの視点」として、（１）多言語対応の改善・強化、（２）情報通信技術の活用、（３）国際観光都市としての標準的なサービスの導入、（４）多様な文化や習慣に配慮した対応、（５）安全・安心の確保を掲げました。この５つの視点に基づいて、以下のような取り組みを進めることを決め、次々と実行に移していったのです。

（１）については、①分かりやすい案内サインの整備、②観光案内所の設置・運営、③観光ボランティアの育成・活用、④都道・区道などでの観光案内標識の設置・更新、⑤Ｗi-Fi接続環境の向上、⑥デジタルサイネージの整備、⑦パンフレットやホームページ、ガイドブック、マップなどでの多言語での情報提供、⑧多言語メニューの作成・提供、⑨宿泊施設へのコールセンターサービスの導入などです。

（2）は、（1）のWi-Fiやデジタルサイネージに加えて、通訳アプリなどの活用を考えました。

（3）は、①クレジットカード、ATMなど決済環境の向上、②交通機関・文化施設など共通フリーパスの開発・導入、③免税店制度や宅配運送サービスなど取り組みです。

（4）は、（1）の多言語メニューに加えて、①多様な文化や習慣に対応するためのリーフレット作成・セミナー実施など、②各種研修などを通じた人材育成を進めることにしました。

（5）は、（1）のコールセンターサービスに加えて、①「外国人旅行者の安全確保のための災害時初動対応マニュアル」などの活用、②宿泊施設などのバリアフリー化、③観光関連施設などでの訓練の実施や緊急時対応の充実です。

具体的には、たとえば（1）の①については、2016年1月に「東京道しるべ2020」を策定しました。これは、英語表記の併記、ピクトグラムや路線番号の追加、通称名の表示などを進めて、「誰にでもわかりやすい道路案内標識」にするという取り組みで、5年間で約1万枚整備することを決めました。

また、（1）の⑥の観光案内用デジタルサイネージについては、新宿と上野に2基ずつ設置しましたが、2020年までには100基整備することにしました。しかし、私の辞任後、実際には、2020年2月現在で、まだ40基しか整備されていません。

次は宿泊施設の問題です。私が都知事のとき、オリンピック・パラリンピック大会を前にして、外国人旅行者の宿泊施設が不足する事態が懸念されていました。2015年の宿泊施設稼働率を見てみると、大阪府が85・2％で1位、東京は2位で82・3％でした。そこで、この問題にも取り組みましたが、一つの手は民泊です。宿泊業を行うには、旅館業法の許可が必要ですが、大田区は、国家戦略特区を活用して、旅館業法の適用を受けずに、一般の住宅を宿泊業に活用することを可能にしました。

旅館業法は民泊に言及していませんが、厚労省が作成した資料によると、民泊とは、「一般には、自宅の一部や空き別荘、マンションの空室などを活用して宿泊サービスを提供するもの」とされています。

海外では、Airbnb（エアビーアンドビー）を利用する民泊が盛んに行われていますが、日本では、明確な評価基準の欠如、ホスト・ゲストの安全性、周辺住民からの苦情などがあり、まだ民泊は低調です。しかし、民泊が地方創生への有効な手段となり、資産の有効活用にもつながり、さらには既存の宿泊施設にはない付加価値もあることから、今後、もっと活用されてよいと思っています。

私は、東京都が、大田区や国と連携してモデルケースの構築を進め、他の自治体にもそれを広げていくように指示しました。

東京のブランド豚

東京は、「世界一の都市」を目指して、ハード、ソフトの両面でダイナミックに変貌を遂げつつあります。グルメ、食事については、どこよりもおいしい料理を楽しむことができます。和食はもちろんのこと、フランス料理でも本場のフランスよりも優れたメニューを提供できるし、日本風にアレンジした工夫も天下一品です。

ロンドンやニューヨークやパリに住む人間にとって、大都会に山があって、ケーブルカーや登山道があるというのは信じがたいことです。だから、高尾山が外国人観光客の注目を浴びているのです。それに加えて、太平洋と島があります。山と海という、この自然の豊かさが東京の魅力なのです。

農産物にしても、ロンドンやニューヨークやパリの特産品というのは、あまり聞きません。私が青春時代を過ごしたフランスで、ワインと言えばボルドーやブルゴーニュであり、調味料のからしはディジョン、チーズも各地でつくられますが、パリでつくられるとは思えません。

それに比べて、東京は農産物や海産物のブランド品を持っています。たとえば「TOKYO X（トウキョウ エックス）」は、東京特産の豚の名前です。東京都畜産試験場が、中国の北京黒豚とアメリカのデュロックとイギリスのバークシャーの3品種をかけあわせて作った新品種で、1997年7月に日本種豚登録協会から「系統造成豚」（固定された系統）として認定されました。

肉の特徴は、①肉が薄く柔らか、②肉に微細な脂肪組織が入り脂肪が良質、③肉が多汁性に富み、なめらかな歯ごたえがあっておいしいといったものです。

生産理念は「東京ＳａＢＡＱ」というもので、まずはSafetyで、これは豚の健康を良好に保ち、感染を防ぎ、抗生物質を含まない指定飼料を与えていることを指します。次にＢはBioticsで、指定飼料はポスト・ハーベストフリーの（収穫後に農薬を使用せず、遺伝子組み換えを行っていない）トウモロコシです。ＡはAnimal Welfareで、動物本来の生理機能に沿った飼育をし、より健康に育てる方針です。ＱはQualityで、高品質の豚肉に仕上げるということです。また、トレーサビリティ（追跡可能性）も完璧です。

問題は値段で、バラ１００グラムが２４０円、ロース１００グラムが４００円程度です。わが家の場合、ロースは１５０～２００円くらいのものを買っていますので、相当に高いのです。しかし、倍の値段を払っても満足できるくらいにおいしいと思います。

年間８９００頭ほど出荷していますが、供給が需要に追いつきません。一般の豚が一度に10～12頭出産するのに対して、ＴＯＫＹＯ Ｘは7頭くらいしか出産しないことも、生産量が増えない原因です。

しかし、スペインのイベリコ豚（放牧でドングリなどを食べて育つ豚）よりもおいしいというのが、私の感想です。オリンピック・パラリンピック東京大会までに生産量を増やして、世界的なブランドにし、世界中から東京に集まるお客さんに食べてもらうことを目標にしました。

その他にも、東京軍鶏《しゃも》、東京烏骨鶏《うこっけい》などがありますし、野菜では小松菜、果物ではキウイの「東京ゴールド」、葡萄《ぶどう》の「高尾」、梨では、「稲城」、「新高」が有名です。海産物も「東京ブランドの魚」があります。江戸前あなご、江戸前あさり、八丈たるかつお、八丈春とび、小笠原えび、さざえ、金目鯛、いさき、あかいか、たかべです。

まさに海の幸、山の幸に恵まれているのが、大都会東京の魅力なのです。「多摩地域や島嶼《とうしょ》部の発展なくして東京の発展なし」と私が言い続けたのは、そのような食の提供地としての役割も念頭に置いたものです。

世界の都市ランキングで、この自然、農産物、海産物といった指標が取り入れられれば、おそらく東京の地位はもっと上がるのではないでしょうか。

東京の「生活の質」は世界一

交通渋滞がなくなりつつあることも、世界に誇ることができます。このような明るい方向での変化が、世界から認められました。都知事に就任して以来、都市外交に力を注ぎ、東京のトップセールスを展開しましたが、世界は私の努力を正当に評価してくれたと思います。

２０１５年6月には、イギリスの情報誌「Monocle」が、「生活の質」について、世界の主要都市を比較する年次報告を出しましたが、９年前の調査以来、初めて東京が首位の座に輝きました（２０１４年は2位）。ランク付けの材料となる指標は、犯罪率、医療インフラ、教育、公共図書館の数、文化活動、自然環境などですが、東京はいずれも高い評価を得ています。１位から10位まで、順に①東京、②ウィーン、③ベルリン、④メルボルン、⑤シドニー、⑥ストックホルム、⑦バンクーバー、⑧ヘルシンキ、⑨ミュンヘン、⑩チューリッヒです。

同誌は「驚くべき巨大都市であるにもかかわらず、治安が良く、静かであり、世界で最も安全な都市」と述べています。多摩島嶼地域の山や海という自然やおいしいランチの値段の安さなども、東京を住みやすい大都会にするのに貢献していると記しています。私も同誌の編集部にコメントを求められましたので、さらなる飛躍を遂げるために全力をあげることを強調しました。

東京の素晴らしい自然を、今後世界に売り出していくとよいと思います。海外からのリピーターを、そして長期滞在者を増やすためにはどうするか、それがこれからの観光戦略でなければならないと思っています。そこで、多摩・島嶼部にも多くの観光客を呼び込むために、海外旅行博への出展や有力な旅行雑誌への広告掲載などを展開しました。

さらに、東京と日本各地を結ぶ観光ルートを開発するとともに、都庁展望室では日本全国物産展を開催するなど、東京から全国の魅力を発信し、外国人旅行者と日本各地の橋渡しも行いました。２０１５年度には東北地方、２０１６年度は中国・四国のルートを設定しました。日本に来たら、東京だけではなく、地方にも足を延ばして下さい、東京がそのためのお手伝いをしますよというわけです。

２０１５年12月になって、またうれしい調査結果が明らかになりました。イギリスのフィナンシャル・タイムズ紙グループのFDI Intelligenceは、アジア太平洋地域の都市を対象に、「最も将来性のある都市（Asia-Pacific Cities of the Future）」を、隔年調査をし、項目別にランキング形式で発表していますが、２０１５年の調査で、東京が大きく躍進したのです。

調査項目は、経済成長性、人材・生活環境、コスト効率性、インフラ、ビジネス環境、対内投資戦略ですが、多くの項目で順位を上げ、総合ランキングでは、１６３都市中、2位となりました。1位はシンガポールですが、東京については、2年前も4年前も10位以内に入っていませんでした。3位以下は、台北、ソウル、香港、クアラルンプール、北京、上海、大阪、シドニーとなっています。メガシティ（巨大都市）部門では、総合1位となりました。

さらに東京について項目別に見てみますと、２０１１年（１４１都市）→２０１３年（95都市）→２０１５年の変化は、経済成長性：圏外→10位→3位、人材・生活環境：2位→8位→6位、コスト効率性：圏外→圏外→圏外、インフラ：2位→6位→1位、ビジネス環境：圏外→5位→3位、対日投資環境：圏外→圏外→3位となっています。

特に最後の対内直接投資戦略部門での大躍進は、国際金融センターやライフサイエンスビジネス拠点の整備などが高く評価されたものです。２０１４年末に発表した、今後10年計画の都政方針を示した「長期ビジョン」のインパクトが強かったと聞いています。

具体的には、「クロスボーダー投資モニターFDIマーケット」によりますと、主要な世界投資家によるプロジェクトを含む96件の国際投資が東京で行われています。また、ドイツのDeutsche Postの子会社であるDHL Expressは、日本経済がめざましく回復するという期待から、６７００万ユーロを投資して、東京に新しいゲートウエイ施設を開設し、２０１６年第一四半期には稼働する予定を発表しました。また、アメリカのインターネット企業であるCisco Systemsは、２０１４年に東京にイノベーション・ラボを創設しましたが、それは日本の技術革新力に注目したからです。

２００３年～２０１５年9月までで、アメリカ企業が４７４件、イギリス企業が86件、ドイツ企業が67件の東京への投資を行いました。産業分野別では、ソフトウエア・ＩＴ関連産業が32％、サービス産業が13％、金融関連産業が12％でした。

まさに、これからは世界を相手に東京が競争を展開していかなければならないのです。

実は、「長期ビジョン」の次の戦略として、２０４０年の東京の姿を描くグランドデザインを世界に提示する予定で、その準備を進めていた最中に、都知事を辞任することになってしまいました。世界から大きな注目を集めるプランであっただけに、残念です。刹那的な、政局的な舵取りでは、東京に未来はないからです。

五輪公式エンブレムの市松模様

２０１６年4月27日は、リオデジャネイロのオリンピック・パラリンピック大会開会１００日のカウントダウンが始まりました。

そこで、次期開催都市として、私は、夕方の6時30分に東京都庁の建物と駒沢オリンピック公園を緑と黄色にライトアップするように指示しました。これを受けて、駐日ブラジル大使が、「東京での特別ライトアップは、日本とブラジルの友好の精神と、オリンピック・パラリンピックの協力と克服の理想とともに、東北と九州、エクアドルの震災被災者に捧げられます」とツイートしてくれました。

2日前の4月25日には、2020年オリンピック・パラリンピック東京大会の公式エンブレムが決まりました。組市松模様です。単色でシンプルな中にも、市松模様、藍色という日本の伝統が光っています。それに、展開の自在さも評価できます。

私は、歌舞伎や浮世絵が大好きです。市松模様は、古代から日本で織り模様として使われ、石畳とか霰《あられ》などと呼ばれていました。江戸時代に、中村座で歌舞伎役者の初代佐野川市松が「心中万年草」で小姓条之助の役を演じた際に、白と紺の石畳の袴を履き、それが大流行となりました。その姿を奥村政信らの浮世絵師が描いたことから、着物の柄として流行って、市松模様と称されるようになったのです。

歌舞伎や浮世絵から得たアイディア

ちなみに、私は、歌舞伎や浮世絵から、東京を世界一にするためのさまざまなアイディアを得ました。たとえば、江戸時代の浮世絵に描かれた隅田川、両国橋、花火などを愛《め》でながら、当時のように舟運を活性化させたいと考えたのです。屋形船で美酒とご馳走を堪能しながら、空に大輪の花を咲かせる花火に歓声を上げる、そのような光景を浮世絵で誰もが見ていると思います。これほど優雅で豪華な遊びはないと思います。

これは現在まで続いていますが、これにライトアップという現代ならではの光の芸術を付け加えることを考えました。たとえば、隅田川に架かる14の橋を異なる色でライトアップしたらどうでしょうか。夜の隅田川の姿は一変するでしょう。パリのセーヌ川に引けをとらない観光名所となると思います。

新型コロナウイルスの感染者が屋形船から出たために、屋形船業者の方々は四苦八苦していますが、感染が収束したら、再び多くの人の心をつかむイベントとなると確信しています。

浮世絵には、隅田川河岸や飛鳥山で花見を楽しむ江戸庶民の姿が描かれています。これまた、今と同じです。桜が世界中から観光客を呼び寄せています。海外の友人たちは、皆異口同音に「桜の咲く頃」に東京を訪れたいと言います。日本の花である桜が、今や大きな観光資源となっているのです。

歌舞伎もまた、江戸庶民が楽しんだように世界中の人々に鑑賞してもらいたいと思いました。ところが、芝居やコンサートなどを開く劇場やホールが閉鎖や改築で不足してきていました。そこで、この点について職員に実情を調査させるとともに、先述したように、私は馳文部科学大臣に会って、国にも協力を要請しました。ハードの面でも充実を図りたいと思ったからです。それとともに、ソフトの面でも優れた芸術家や劇場関係者たちに大いに創造的な知恵を出してもらうことを考えました。

２０１６年4月に、久しぶりにニューヨークのブロードウェイに行きましたが、このにぎわいが東京にはありません。それが、わが東京のナイトライフを寂しいものにしています。世界中の天才たちが集まり、最高のパフォーマンスを見せるべき箱物（劇場、オペラハウス、コンサートホールなど）が必要です。そして、演ずべき芝居や音楽を創造する才能と、それを商業ベースに乗せる才覚を身につけた人々、つまりソフトの充実が不可欠です。

オリンピック・パラリンピック東京大会までに、そのすべてを整えるのは、至難の業ですが、大会がそのための第一歩を踏む契機となるべきだと思います。そして、スポーツとともに文化の花も咲かせねばなりません。今の東京には、ハードもソフトも不足しています。以上のような認識の下、全力あげて成熟した文化都市をつくり上げる政策を展開したのです。

観光を一大産業と飛躍させるには、新たな取り組みの機動的な展開が不可欠です。そこで、先述したように、「東京の観光振興を考える有識者会議」を立ち上げ、「観光産業振興アクションプログラム」を策定することにしたのです。

２０１６年5月11日、その有識者会議の第２回が都庁で開かれました。テーマとして、①ホール・劇場、②交通機関が取り上げられましたが、第１回と同様に活発な議論が展開されました。

5月30日には、アクションプログラムの素案が出来上がりました。まず、「新たな取組の視点」として、①観光の一大産業化、②将来を見据えた新たな観光資源の開発、③魅力の発信と効果的な誘致活動、④受入環境の整備の４つがあげられました。

そして、「観光産業振興に向けた取組の方向性」として、①消費拡大に向けた観光経営、②集客力が高く良質な観光資源の開発、③東京ブランドの発信と観光プロモーションの新たな展開、④ＭＩＣＥ誘致の新たな展開、⑤外国人旅行者の受入環境の向上、⑥

日本各地と連携した観光振興の６つが明示されました。

私の辞任後、このアクションプログラムは注目されなくなりましたが、誰が都知事であれ、このような観光推進策は継続されるべきものだと思っています。

第6章

東京が衰退すれば日本が沈没する

「知事不在」が当たり前の役所

私が都知事に就任する前の20年間にわたる東京都政は「異常」な状態となっていました。それは、普通の行政官ではない、作家という異色の知事が続いたことが大きな原因でした。

首都東京の都知事選挙は国政並みの注目を浴び、高い知名度と人気がないと容易には当選できません。１９９５年には青島幸男、１９９９年には石原慎太郎、２０１２年には猪瀬直樹が知事に当選していますが、行政経験は二の次となります。石原は閣僚経験もありますが、行政官というよりは、やはり型にはまらない異色の知事です。

私を同列に並べることも可能ですが、厚労大臣としてさまざまな問題を解決したことが血なり肉となっていましたので、その経験を背景に行政官として都知事の座に就いたつもりです。

厚労大臣のときは、年金記録、医師不足、薬害肝炎訴訟、新型インフルエンザなどの問題に対応するために、早朝から夜遅くまで働きずくめでした。国会開催中など、朝7

時前には国会に到着して、議員の質問に対する答弁の準備をしたものです。

ところが、都知事に就任後、同じ勤務態度で都庁で仕事を始めると、職員から煙たがられるのです。それは、石原知事は週に1、2度しか登庁しないとか、猪瀬知事は昼からしか出勤しないとかだったので、落差がひどかったということです。青島知事もまた行政官というより作家だったようで、15年から20年間、このような異色の知事の下で、普通の役所では考えられない事態が進行したのです。

1995年に大学を出て22歳で都庁に就職した職員は、そういう職場で20年間過ごし、42歳になっていたということです。つまり、40歳以下の職員は、知事が毎朝登庁して、夕方、場合によっては、それ以降まで執務しているという普通の役所では当たり前の状況を経験したことがないのです。

そこで、20年ぶりに、鈴木俊一都知事時代のように、毎日定時に登庁するトップが就任すると、困惑、さらには迷惑といった思いを抱いたことでしょう。それまでは、知事不在の間に、官僚が好き勝手に政策を立案し、運営したと思います。また、朝から晩まで知事が庁舎で目を光らせていれば、怠けることもできません。私は、職員にとっては鬱陶しい存在だったようです。

ただ、都議会はほとんどの期間、自民党が牛耳っていましたので、政治判断が必要なときには、都議会自民党に相談する慣習が定着していました。そこで、内田茂のような幹部がフィクサーとして都政を牛耳ることにもなったのです。

全行政組織が、知事ではなく、都議会に政治責任を背負わせ、その分、利権の配分で応えるというのは、正常な地方自治体の姿ではありません。

私は、数日知事職を務めただけで、その異常さに気づきましたので、これを何とか正常な状態に戻すべきだと決意したのです。知事の監視もなく、ぬるま湯に浸かって太平を謳歌していた怠け者職員たちには脅威です。一日も早くこの知事には都庁を去ってもらわねばならないと思っても、不思議ではありません。

仕事をしない幹部は全員クビにした

定期人事異動については、私は、とにかく仕事が前に進む体制をつくりたいという意図から、都庁の役人の意見をよく聞いて、普通の官僚機構として整えることを優先しました。

それは、石原、猪瀬知事時代の人事があまりにも異常であり、知事に背けばすぐに更迭されるようなことがあったと言われています。年次によって、幹部職員の数が大きく異なっていましたが、これは霞が関ではありえない官僚機構の姿でした。

この歪んだ状況を是正しようというのですから、良識のある職員たちは大歓迎でした。私は、都の官僚機構を正常なものに戻す作業を着実に実行していきました。この面では多数の職員の信頼を勝ちえたと思っています。

私が辞任する羽目になったとき、最もショックを受けたのは人事担当職員たちでしたが、都庁を去る直前に、私はその時点で最高の幹部人事を残していったと思っています。

たとえば、副知事を3人から4人にしましたが、全員生え抜きの都職員であり、これは、いわば私の遺産でした。しかし、石原・猪瀬体制で甘い汁を吸っていた職員たちは、その特権をむしりとられたのですから、反舛添派となって結集するのは当然でした。彼らの多くは、親しい記者たちに、私のイメージダウンになるような情報をリークしていったのです。

しかも、石原・猪瀬知事は、副知事や参与などとして都庁の外から人をたくさん入れており、それが都政を歪めたというのが、私の認識でした。そこで、私は知事就任後、法令で定められている審議会委員などは別として、知事の裁量で採用してきた外部の人間をすべて辞任させたのです。

優秀な職員が多数いるのに、彼らを登用せずに、情実で、しかもイデオロギー的にも偏った外部の人間を使うことは、余分な経費がかかりますし、弊害のほうが多かったのです。参与などになれば、ひと月に1回も出勤しなくても、月に50万円もの収入になるのですから、それを全員首にした私が恨みを買うのはよくわかります。

記者までもが怠け者になっていた

前章まで、私が都知事時代に挑戦した政策課題について説明しましたが、あまりにも多岐にわたること、そして、それらに急ピッチで対応したことに驚かれるかもしれません。実は、これが都庁の「怠け者集団」の反感を買ったのです。

今振り返ると、私の失敗は、第一に改革を急ぎすぎたこと、第二に霞が関をモデルにしすぎたことが引き金となったようです。それは、厚労大臣のときの経験が大きく影響しています。

２００７年夏の参議院選挙で自民党は惨敗しましたが、それは年金記録問題が大きな争点となり、社会保険庁の不祥事が歴代自民党政権の責任だとされたからです。第一次安倍内閣のときのことです。選挙後の内閣改造で、私は年金記録問題の解決を安倍首相に託されて厚労大臣として入閣しました。

安倍首相は、２０２０年8月28日、持病の潰瘍性大腸炎が悪化して、憲政史上最長の政権に幕を引きましたが、13年前も同じ状況で突然の首相辞任となりました。私は、その後、福田康夫内閣、麻生太郎内閣でも厚労相として留任し、さまざまな課題の解決に当たりました。

詳細は、拙著『厚生労働省戦記』（中央公論新社、２０１０年）に記しましたが、医師不足、後期高齢者医療制度、新型インフルエンザ、薬害肝炎訴訟、原爆症認定訴訟など実に多くの難問の解決に当たりました。いずれも政権の命運に関わるような問題でした。752日間、2年余の期間でしたが、平時なら4～5年かけて対応する問題でした。それだけに、他の閣僚の2～3倍は働いたと思います。

このときの仕事のペースを、田舎の村役場のような牧歌的な都庁に持ち込んだのですから、役人はたまらなかったと思います。改革を急ぎ過ぎたと言うほかはありません。しかし、20年間も異常な状態が続いていた都庁の官僚機構には徹底的な改革のメスを入れる必要があったのです。

私は国会議員、厚労相を経験して都知事になりましたので、政治や行政のモデルは霞が関でした。国政は、地方自治体よりも、はるかに速いテンポで動いています。そのため、閣僚の記者会見も火曜日と金曜日の週2回です。ところが、都知事の場合、金曜日の週1回のみでした。私は、猛スピードで仕事をしましたので、都庁記者クラブで働く記者のためを思って、国政並みの週2回にしたのです。大臣のときには、早朝から深夜まで番記者が自宅にまで押し寄せて来ていましたので、記者たちは一刻も早く情報を国民に伝えたいのだと確信していました。

これが、都庁の記者に関する限り、大きな間違いでした。都庁職員は、会見が週2回になると、その準備が大変なので嫌な顔をするのはわかりますが、記者までがそうなってしまうほど、怠け者病が都庁全体に広がっていたのです。

しかも、会見を開いて、税制、予算などの説明をしても、理解能力に欠けているのか、全く質問も出ません。自分が好きなテーマだけを馬鹿の一つ覚えのように毎回繰り返す記者すらいました。そういう状態ですから、政策の質問に、「夜討ち朝駆け」と言われるように、時間構わず自宅にまで来る記者も皆無でした。

霞が関に比べれば、田園風景の広がる田舎ののどかな村役場と五十歩百歩なのが都庁でした。しかも、都庁職員の給料は高く、定年後の天下り先はたくさんあり、霞が関よりも新宿のほうがはるかに恵まれています。

国との連携強化

もう一つの私の失敗は、国との連携を強化したことです。東京都は日本国の首都であり、国に先駆けてさまざまな政策を立案し、リードしていかなければなりません。たとえば、国の規制によって民間企業の活動が規制されているような場合には、東京都が率先して規制緩和を行い、そのことによって経済を活性化させることができます。

ただ、そのような先行的改革を行う場合には、国と事前によく調整する必要があります。無用な対立を煽ることなく、日本全体の利益になるような妥協案を見つけだす必要があります。それが政治家の仕事です。

たとえば道路を取り上げてみましょう。都内には都道も国道もあります。国道は国土交通省の管轄です。都道では可能なことがあっても、国道では不可能ならば、道路を使用する都民、国民は面食らってしまいます。そこで、国交省と東京都が調整する必要があるのです。

その手段として、人事交流という手があります。霞が関から官僚を派遣してもらい、都からも役人を出向させるというものです。私は、この交流だけではなく、一方的に霞が関の省庁から優秀な役人を都に出向させる形を多用しました。国交大臣、経産大臣らに直談判して決めたのです。

しかし、この流儀がまた、一部の都庁の役人の反感を買ったようです。自分たちより優秀な人間が霞が関から来て、自分対たちの聖域を荒らす。しかも、牧歌的なアナログを最先端のデジタルに変えるような厳格な手法を使うといったことは許しがたいことであったようです。

私は、20年間の積年の病弊を一掃するための荒療治のつもりでしたが、都庁の役人たちが反旗を翻す原因となったようです。優秀な人に対して、そうでない人が抱くコンプレックス、歪んだ心情というものを理解しなかった私の失敗でした。その点では、政治的に稚拙であったと反省しています。

小笠原諸島から中国漁船を追い払った

国との連携強化については、特に親友の菅義偉代議士が官房長官の要職にあったことが、その路線を進めるのに役立ちました。

都知事になってからは、国と都の連係プレーを行い、菅さんの配慮で国から優秀な官僚を都に派遣してもらったり、政策の調整を行ったりすることができたのです。毎月1〜2度は、食事をしながら打ち合わせをしたものです。

小池都知事になって、国と東京都の協力関係にひびが入り、新型コロナウイルスへの対応にも問題が生じたことは周知の通りです。この例に見られるように、東京都が国に先駆けて優れた政策を打ち出し、実行するのではなく、国の足を引っ張るようなことをすれば、日本の未来には暗雲が立ちこめます。

私が行った国との連係プレーについて、具体的な例をいくつか列挙してみます。

まずは小笠原諸島をめぐる問題です。2015年2月9日（月）、私は、小笠原を視察しました。1000キロという遠距離にある小笠原諸島は、前年に中国漁船による珊瑚の密漁で大きな被害を受けていました。小笠原では、村長、村議会議長、漁業者、観光事業者、子育て中のお母さんたちと懇談し、直接、要望を聞きました。漁業被害や風評による観光客の減少、ゴミの問題に加えて、中国人が上陸してくるのではないかといった不安についても、説明がありました。

問題が表面化してからは、官邸に行き、直接政府に善処をお願いしたのみならず、中国政府に対しても再三取り締まりの強化を要請しました。都知事就任後に北京に行き、政府要人らとも会談していることから、中国政府への働きかけは容易でした。中国側の説明では、赤珊瑚は金よりも高価に取引されるので、取り締まってはいるが、カネ目当ての中国漁船は偽装したりして巧妙に逃げ回るということでした。

貴重な資源と島民の生活を守るためには、国土交通省、水産庁、外務省など、国の諸機関との連携が不可欠ですが、関係者が一堂に会する協議会を設置し、情報交換など必要な協力関係を構築していったのです。

友人の大臣たち

国との連携については、雇用分野でも大きく進展させました。2015年2月10日に、当時の塩崎恭久厚生労働大臣との間で、「東京都雇用対策協定」を締結しました。この協定は、厚労省東京労働局と東京都との間で議論を積み重ねた成果として結実したものであり、大臣と知事がこのような協定を結ぶのは、47都道府県で初めてでした。厚生労働大臣としての経験が生かされたのであり、国と都の双方が最大限の政策効果が得られるような体制を構築することが目的でした。

私は、「恒産なくして恒心なし」と確信しており、雇用の安定は安心して生活する基礎です。だからこそ、非正規労働者の正規化などに取り組んだのです。雇用問題の改善のために、国（東京労働局）と都は、役割分担して、効率的で効果的な施策を展開すべく、運営協議会を設置し、具体的な取り組みや実施方法を事業計画として毎年定めるほか、連携施策を推進し、政策効果を高めるために、情報の共有化を図ることにしました。国と都が協力して、雇用対策を進め、皆が安定して雇用を確保し、能力を十分に発揮して、安心して家庭生活、子育てができるような世界一の都市を目指したいと考えたのです。

３日後の２月13日には、地方創生と国家戦略特区について、この問題の特命担当大臣である石破茂大臣と議論しました。

国家戦略特区については、東京都は、当初の９区に加えて、12区が特区提案を済ませていました。それに加えて、多摩地域や区部を「都市農業特区」にして、東京の農業振興を図りたいという提案もしたのです。目的は、小規模な都市農地の保全や農地の流動化による担い手の確保、そして生産性の向上です。

都内の農地の6割は市街化区域内にあり、500平方メートル未満の農地は生産緑地と認められず、宅地並みに課税されることになってしまうのです。要するに、農地は、固定資産税が宅地に比べて安いのです。地価は場所にもよりますが、100分の1〜200分の1というくらいの差すらあるのです。

また、生産緑地は相続人が農業を続ければ相続税が猶予されるのですが、他人に貸すと課税対象となってしまいます。こうした理由で、農地が売られてしまうのです。

これらの問題に対処するために、特区では、500平方メートル未満でも生産緑地と認定されるようにする、また、生産緑地を他人の農業従事者に貸しても相続税猶予が可能なようにすることを考えたのです。このような規制緩和によって、東京の都市農業を活性化し、担い手を増やしていくことが可能となるからです。幸い、私の辞任後の2018年に、この方向で税制が改正されました。東京から国への働きかけが功を奏したのです。

東京都と国が、協力して良い政策を推進すれば、それは都民のみならず、国民全体を裨益《ひえき》することになります。塩崎大臣にしろ、石破大臣にしろ、国政の場で培ってきた友人関係が、国と都の調整に役に立ったのです。

官房長官と都知事の協定

２０１５年10月16日の朝、首相官邸を訪ね、安倍首相と会談し、国と東京都が引き続き協力関係を強化していくことで意見の一致をみました。官房長官と都知事の間で政策協議機関をつくり、それを司令塔にして経済成長、社会福祉、税制などの問題に対応することにしました。その合意の下、11月26日には林幹雄経済産業大臣、石井啓一国土交通大臣と会談し、それぞれの省が所管する分野で個別具体的に政策協力を進めていくことを決めました。

国土交通省とは、太田昭宏前大臣時代の２０１４年８月に「東京都と国土交通省の連絡協議会」を設置し、すでにさまざまなワーキングチームを動かしていました。それに加えて、交通の面では、羽田空港の機能を強化するとともに、新宿、渋谷、東京、品川などターミナル駅周辺の整備を進めることにしました。

また、舟運を活性化し、これを観光産業の拡大にもつなげていくことにしたのです。さらに道路整備も加速化し、３環状道路を２０２０年までにほぼ完成させることを確認しました。また、オリンピック・パラリンピック東京大会を控えて、特にバリアフリー化を強力に推進することでも合意しました。多言語化もまだ十分ではありませんでしたが、すでに29カ国語対応の自動翻訳アプリを活用できるようにまでなっていました。

観光を一大産業に育てていくことが国にとっても、都にとっても重要であり、外国人観光客が、日本で快適に滞在し、移動することができるような環境を整えることは、国と都の責務です。外国の大都市を訪れると、その都市の全体像をジオラマなどで再現したシティギャラリーがよくあります。これと同様のものを東京でもつくり、一大観光拠点にすることで、石井大臣と合意しました。

林経済産業大臣とは、水素社会の実現に向けて、国と都が協力することで合意しました。水素などによる燃料電池車の普及、さらには自動運転などの機能を持つ次世代自動車の開発でも協力していくことにし、特に、水素ステーションの整備について規制緩和を重ねて要望しました。また、スマートコミュニティーづくりを目指して、水素供給、水素パイプライン整備、エネファーム（家庭用燃料電池）普及などでも提携していくことを決めました。さらに、中小企業振興策についても、林大臣に東京都が先行的に実施している政策について紹介しました。たとえば、都が２０２０大会に関連して調達案件などのビジネス情報を提供するポータルサイトを構築し、全国の中小企業のビジネスチャンス拡大を助けている事例を説明しました。

以上のような取り組みを、官房長官と都知事の協力の枠組みの下で進め、日本経済再生への手がかりをつかんでいく計画でしたが、半年後には私は都庁を去ることになってしまいました。

法人税の抜本的改革

毎年の年末は税制改革の大綱を決める時期です。国会議員時代には、自民党本部の税制調査会に出席し、同僚議員と激論しましたが、地方自治体の長としては、国政の場にいたときとは異なる観点からアプローチする必要があり、それはそれで容易なことではありませんでした。

特に東京都は地方の県に比べて豊かであり、他県から「東京一人勝ち」といった恨み節を聞かされ、東京一極集中が諸悪の根源であるかのような批判にさらされていたからです。そのため、年間3000億円もの都民の税金が国によって召し上げられ、地方に配分されていました。3年程度の暫定措置として導入された地方法人特別税が7年間も続いていたのです。

私は、自民党の宮沢洋一税調会長をはじめ多くの関係者と何度も議論を重ねました。東京と地方を二律背反的に考えるのではなく、双方に利益がある、いわばwin-winの関係が構築できるような税制改正が望ましいのです。そのためには、日本の税制を長期的にどのように改革していくのかという視点が不可欠でした。

たとえば、税財源の不安定性は東京都にとっては悩みの種です。不景気で税収が激減したときに備えて、常に資金を蓄えておかねばなりません。先述したように、それは、法人事業税・法人住民税に過度に依存する財源構成だからです。私は、法人税の抜本的改革について議論を始める時期が来ているのではないかと考えていました。

そもそも法理論的には、地方税財源は固定資産税と住民税が最も論理一貫していますが、それに加えて、法人税と消費税との関連についても踏み込んだ検討が必要でした。さらには、「この国のかたち」をどうするのかというビジョンがなければ、税制改革もまた不十分なものになります。

税は政治そのものであり、租税特別措置の撤廃が困難なのも、既得権益を守ろうとする勢力が政治的影響力を行使するからです。都知事として国と交渉を進める過程で、政治指導者には、オーケストラの指揮者のように多方面に気を配り、一つの曲にまとめあげる能力が必要であることを痛感した次第です。

都市間競争の時代

新型コロナウイルスの感染拡大が人口が密集した大都市で起こり、人口の少ない田舎でのんびりと過ごしたいという人が増えています。その意味で、このパンデミックは人々の生活、文明を変えていくかもしれません。

しかし、「都市の空気は自由にする」という言葉があるように、都市の生活には大きな魅力があります。ワクチンや特効薬が開発され、新型コロナウイルスを恐れる必要がなくなったとき、都市の活力はまた復活すると信じています。国連によると、2030年には世界人口の60%が都市に住むと予測されています。

19世紀、20世紀が国家の時代だったとすれば、21世紀は都市の世紀です。経済がボーダーレス、グローバル化するとともに、国家間ではなく、都市間の競争が激しくなります。コロナ感染が収束すれば再び人の移動が自由になりますので、ニューヨーク、ロンドン、パリ、東京など、どの都市に住むかは人々の選択によります。金融に携わるビジネスマンがロンドンを選び、国際的に活躍する画家がパリに住み、舞台芸術の専門家がニューヨークで活動するといったことが日常になっていきます。

大都市には、世界中の人々を引きつける魅力が必要です。日本文化も強力な武器ですが、東京が世界一の都市になるためには、ビジネス、生活インフラ、環境、文化などで海外の都市に負けないものを持つ必要があるのです。たとえば、大気汚染が少なく空気がきれいなこと、交通渋滞が少ないことなどがセールスポイントとなっています。しかし、英語があまり通用しない点は大きなマイナスです。

ニューヨークなどライバルの大都市とは、さまざまな分野で協力する必要があります。"Tokyo Tech Book"を作成したのも、技術の分野で都が誇る先端技術を海外の都市にも活用してもらおうと考えたからです。都市外交に力を注いだのも、海外の都市に学び、参考になるものは貪欲に吸収しようと思ったからです。

現職はパリで「化石的」な政策を披露

都市外交の意義は他にもあります。具体的な例としては、地球温暖化問題があります。トランプ大統領は、2019年11月には地球温暖化対策を策定したパリ協定（2015年締結）から離脱しました。

これは、オバマ政権の業績をすべて否定するという政治的パフォーマンスの色彩が強いもので、まさにアメリカのエゴを通す孤立主義でした。地球温暖化への取り組みは行わず、石炭産業の復活を図ったのも、ラストベルトなどの失業対策の色合いが濃いのです。世界の気候がどうなろうが、なりふり構わずに職をつくり、白人労働者層の支持率を上げようという魂胆でした。

このトランプ大統領の暴挙に対して、アメリカの都市を含め、世界中の都市の市長たちが協力して地球温暖化対策を講じようとしています。幸い、アメリカでもカリフォルニア、ワシントン、ニューヨークなどの州、ロサンゼルス、シアトル、ボストンなどの都市また有力企業がパリ協定離脱に反対の声をあげ、独自の対策を行うことを決めています。

先述したように、私は都知事のとき、２０１５年にＣＯＰ21の開催を目前に控え、地球温暖化対策に取り組む世界の都市連合であるコンパクト・オブ・メイヤーズ（首長誓約）への参加を表明しました。その年の秋、パリを公式訪問した際に、気候変動問題に関して両都市が協力することを確認するとともに、ＣＯＰ21期間中にパリ市が主催する「気候変動に関する首長サミット」などにおいて、都の先駆的な気候変動対策について世界に発信すること、そして、C40（世界大都市気候先導グループ）の取り組みに関し、両首長が主導的役割を果たすことを誓ったのです。

2017年10月22日の衆院選投票日にパリを訪問した小池都知事は、私の政策を引き継いでC40の委員会に出席しましたが、日本は石炭火力発電の継続という、まさに「化石」的な政策を続けており、それが世界から批判されています。

ニューヨーク市長がトランプ政権に異を唱えたように、パリで東京都知事が日本政府に注文をつければ、大きなインパクトがあったでしょうが、小池都知事の関心は自らの「希望の党」の国政への参加であり、パリでも選挙ゲームに終始していたのです。

とまれ、国の政策の失敗を、世界の都市間の連帯によって是正していくという大切な役割が都市外交にはあるのです。

首都である東京が、激化する都市間競争に敗れ、世界の都市ランキングで転落していけば、それは日本が沈没することを意味します。東京が世界一を目指して、ダイナミックに発展するとき、日本全体が輝くのです。

その目的に向かって努力していた私は都庁を去り、ポピュリズムは小池百合子を新宿に送りました。東京、そして日本の将来を考えるとき、暗澹《あんたん》たる気持ちにならざるをえません。

国の外交を補完・補強する都市外交

私が都知事に就任した２０１４年は、安倍政権下で、中国や韓国との関係は最悪でした。超保守派で排外主義的な人々が安倍首相を支持していたため、政権は右翼的で、嫌中派、嫌韓派的な傾向が強かったのです。歴史認識などの問題で、北京やソウルから厳しい日本批判が起こっていました。

６年後にはオリンピック・パラリンピック東京大会を迎えることになっていましたので、都知事の立場としては、外交上の問題で五輪開催に支障を来すことを恐れたのです。

１９８０年のモスクワ五輪は、前年にソ連軍がアフガニスタンに侵攻したことに抗議して、アメリカや日本がボイコットしました。そのときの記憶が甦《よみがえ》って、隣国の中国や韓国からボイコットされるようなことがあってはならないと考えたのです。

外交は国の専権事項ですから口出しをするわけにはいきませんが、幸い、北京もソウルも東京の姉妹友好都市です。東京都知事が、中国や韓国ではなく、姉妹都市の北京やソウルという都市を訪問するのは当然で、日本や中国や韓国の政府から文句を言われる筋合いはありません。

鈴木俊一知事は、姉妹友好都市との連携に努力しましたが、石原慎太郎知事は、嫌中、嫌韓の傾向が強く、両都市とも20年近く都知事が訪問しないという異常な事態が続いていました。私は、この事態は何とか改善せねばならないと考えたのです。

18年ぶりの北京訪問

まず、着任して2カ月後の2014年4月24日から4月26日まで、北京を公式訪問したのです。北京市長の招待で東京都知事が姉妹友好都市である北京に行くのは、実に18年ぶりでした。私のこの公式訪問で、姉妹都市間の異常事態は終わりました。中国と日本の首都間の交流に、新たな一歩が踏まれたのです。

北京では、王安順北京市長と会談しましたが、ＰＭ２・５などの環境問題、交通渋滞、上下水道、ゴミなど、大都市が抱える諸問題解決についての協力関係をさらに推進することで合意しました。その他、議会レベルや民間での交流など、幅広い分野での協力推進を図ることにしました。

中国政府も、日中関係が悪化したままでよいとは思っておらず、都知事の訪問を関係改善のよすがとして活用する準備ができていました。こうして、私は、中南海（共産党、政府執行部のある所）で、副首相の汪洋と会見したのです。土曜日にもかかわらず、また1時間にわたって副首相が会見したことは、中国政府が私の訪問をいかに重視しているかを示していました。

彼は中国側の懸念を述べたし、私は安倍総理の日中関係改善にかける思いを伝えました。中国訪問前に官邸を訪ね、安倍首相とは事前に打ち合わせをしていたのです。汪洋副首相から、私の訪中を機に、３５５ある日中友好都市関係を再開させるために、中国政府が全力をあげる旨が明言されました。その後、途絶えていた民間や地方自治体レベルでの交流が再開されたのです。

私の北京滞在中、東京では日米首脳会談が開かれ、共同記者会見で中国に対する厳しい発言もなされましたが、都市外交という私の立場を中国政府もわきまえて、中国側は一貫して大人の態度を維持しました。ささやかながら、日中関係改善の第一歩が踏めたのではないかと思いました。

その後、日中関係は少しずつ改善し、私の訪中から半年後の11月10日には安倍首相と習近平国家主席との間で日中首脳会談が行われました。2012年5月以来、約2年半ぶりのことであり、第二次安倍政権となってからは初めてのことでした。中国側からは、都知事が扉を開けてくれたおかげだと感謝されました。

私は、都市外交を国の外交努力を支援するための補完外交、補強外交だと位置づけましたが、その成果があがったと喜んだものです。

韓国大統領との会見

北京訪問から3カ月後の7月23日から25日、ソウルを訪問しました。姉妹友好都市でありながら18年間も交流が途絶えていたのは、北京と同じです。

ソウル特別市の朴元淳市長と会談し、東京都とソウル市が、将来にわたって、さまざまな分野で協力していくことで意見が一致し、「東京都とソウル特別市の交流・協力に関わる合意書」に調印しました。具体的には、①都市の安全・安心対策、②環境対策、③福祉保健対策、④オリンピック・パラリンピック、スポーツ交流、⑤産業・観光交流、⑥文化交流の６項目です。そして、この目的を達するために、定期的に相互訪問・協議を行い、職員の相互交流も行うことにも同意しました。

これによって、18年間の異常な関係が終わり、二つの首都の間で、新たな交流への第一歩が踏まれたのです。

ちなみに、朴元淳市長は、文在寅大統領の後継者の一人とされる有力な政治家でしたが、２０２０年7月9日、自殺したというニュースが韓国から飛び込んで来て、驚きました。秘書の女性へのセクハラ疑惑だという報道ですが、真相は不明のままです。共に仕事をした仲間が自殺するというのは、大きなショックです。

ソウル市長と会談した後、京畿道庁に行き、南景弼知事と会談しました。知事は、防災、規制緩和などに興味を示されたので、この分野をはじめ多くの問題について、協力することで一致しました。

その後、修学旅行中のフェリーが沈没し、多くの犠牲者が出た檀園高校のある安山市に移動し、犠牲者の遺影が飾られた合同焼香所で献花し、都民も韓国民と悲しみを共有すると述べて、心からのお悔やみを申し上げました。事故から、ちょうど100日の日でした。

最終日には、青瓦台で朴槿恵大統領と会談しました。会談は40分間にわたりましたが、終始穏やかな雰囲気でした。大統領は、自治体外交、草の根交流の推進を高く評価しており、今後ともさまざまなチャンネルで交流を進めることを期待する旨、述べられました。私から大統領に対して、安倍総理から託された関係改善への意欲をお伝えしましたが、大統領は、歴史認識の重要性を繰り返し、従軍慰安婦問題にも触れられました。そのいわば持論は堅持しつつも、大統領には両国関係改善への願いが強いことを、会談の雰囲気から読み取ることができました。

2016年年末に朴槿恵大統領は議会に弾劾され、権力の座を去り、今は獄中にあります。政権は文在寅大統領に移りましたが、日韓関係は一向に改善しません。一筋縄ではいかない両国関係ですが、地方自治体や民間の交流を活発にすることは、改善の一方法であると確信しています。音楽分野をはじめとして、若者たちの文化交流をみると、わだかまりのない明るい兆しが出ているように思います。

東京とモスクワの絆

世界中の姉妹都市との交流は、オリンピック・パラリンピック東京大会を開催する東京都にとっては大変重要なことです。大会を開催するのは都市であって、国ではありません。そこで、たとえ国と国の関係が良好でなくても、姉妹都市の関係を活用して、大会を成功させることができるのです。

これが、私の外遊の第一の目的でした。そして、二番目には、世界一の都市を目指す東京都にとって、姉妹都市の都市経営の成功例を参考にすることは、プラスになります。第三には、姉妹都市と友好関係を深めることは、国の外交を補い、側面支援をすることにもなります。そのような観点から、モスクワ、ベルリン、パリ、ニューヨークを訪ねました。

まずモスクワですが、２０１４年9月3日に日本を発って、ロシアの西シベリアにあるトムスクで開かれた「アジア大都市ネットワーク21（ＡＮＭＣ 21）」の第13回総会に出席しました。その帰路に、姉妹都市であるモスクワを訪ね、ソビャーニン市長と会談しました。

北京やソウルを都知事が訪ねたのは18年ぶりでしたが、モスクワには20年公式訪問を行っていませんでした。

そこで、両都市の交流を活性化することで合意したのです。市長は、プーチン大統領の側近で、チュメニ州知事を経て、大統領府長官（２００５年11月14日〜２００８年5月12日在任）、副首相（２００８年5月12日〜２０１０年10月21日在任）を歴任しています。

その1年後の２０１５年年10月22日にソビャーニン市長が来日し、都庁で、都市開発、都市計画、スポーツ、スポーツ施設建設、廃品リサイクルなどで両都市が協力を進めていく旨の覚え書きを交わしました。また、浜離宮や交通管制センターを案内し、夜は歓迎晩餐会を開き、旧交を温めました。市長のプーチン大統領に対する影響力を考えると、両国の首都である東京とモスクワの絆が両国関係の重要な役割を果たすと確信しました。

私も講道館やフランスやスイスで柔道に励みましたが、柔道つながりで、山下泰裕八段から、プーチン大統領が私のロシアでの発言を把握しており、トムスク知事やモスクワ市長との会話内容も聞いていると伝えられたことがあります。私が都知事を続けていれば、東京都の都市外交が、日本政府の対露外交を少しでも支援できたのではないかと思うと残念な気がします。

ベルリンと東京マラソン

２０１４年秋に訪問したベルリンでは、友好都市提携20周年を記念する行事に出席し、ヴォーヴェライト市長と両首都間の協力をさらに進めるための合意書に調印しました。ブランデンブルク門を市長とともに散策しましたが、これが東京マラソンのコースを変更するきっかけとなりました。ゴールをブランデンブルク門に負けないような歴史的場所に変えなければ駄目だと思い知らされたからです。

実は、このベルリン訪問の前に、10月27日からロンドンを訪問していました。ロンドンでは、２０１２年のオリンピック会場を視察することが大きな目的でした。多くの点でロンドン大会の運営が参考になり、２０２０東京大会の準備に活用することができました。

当時の市長は、今の英国首相のボリス・ジョンソンで、気さくな人柄で、市長時代に交通政策の一環として導入したレンタル自転車は、彼の名前をとって「ボリス・バイク」と呼ばれています。これを参考にして、私は東京のレンタル自転車シェアリングの拡大を図ったのです。

ロンドンは、ベルリンやパリやモスクワと違って、東京都と姉妹関係にありませんでした。そこで、両都市間の協力を進めようということで意見が一致し、双方の事務方に準備作業にとりかかるように指示をし、その結果、1年後の２０１５年10月14日に、訪日した市長と私との間で、姉妹友好都市協定を結んだのです。

パリ市長と通訳なしで会談

２０１５年10月27日から30日まで、姉妹友好都市であるパリ市を都知事として25年ぶりに訪問しました。若い頃、私はパリ大学に留学していましたので、フランス語には不自由せず、パリ市庁舎において、パリのアンヌ・イダルゴ市長と通訳なしで会談を行いました。

会談に引き続き、環境、文化、スポーツ、都市づくり、観光の5分野で、都市間の協力を一層推進するため、合意書を締結しました。

先述したように、COP21の開催を目前に控え、コンパクト・オブ・メイヤーズへの参加を表明するとともに、気候変動問題に関して両都市が協力することを確認しました。

さらに、COP21期間中にパリ市が主催する「気候変動に関する首長サミット」などにおいて、都の先駆的な気候変動対策について世界に発信すること、そして、C40の取り組みに関し、両首長が主導的役割を果たすことを誓ったのです。

会見後は、市庁舎の迎賓室でのワーキングランチに参加し、市長と２０２０年東京大会への取り組みなどについても議論を交わしました。

デブラシオ・ニューヨーク市長

姉妹都市であるニューヨークには、２０１６年の４月に公式訪問しました。ニューヨーク市のビル・デブラシオ市長と会談し、両都市が抱える共通の課題であるテロ対策をはじめ、水素社会実現に向けた取組などの環境分野、街づくり、舟運、交通渋滞対策等に関して幅広く意見交換し、今後両都市が関係を一層強化していくことで合意しました。そして、姉妹都市として、互いの経験を共有し、情報を交換することを通じて、両都市の関係を一層強化し、世界をリードする大都市同士、Win-Winの関係を築いていくことで一致しました。

新型コロナウイルス対策では、ニューヨーク州のアンドリュー・クオモ知事とともに、デブラシオ市長が全力をあげて対応している姿が世界に伝えられましたが、２人とも民主党の政治家で、トランプ政権のコロナ対策を厳しく批判しています。

私は、ニューヨーク滞在中に日米両国の交流促進団体であるジャパン・ソサエティーとジェトロ・ニューヨーク事務所共催の講演会において、「MAKING TOKYO THE MOST BUSINESS-FRIENDLY CITY IN THE WORLD（世界で一番ビジネスフレンドリーな都市を目指す東京）」をテーマに講演を行いました。司会は、ジャパン・ソサエティー会長で、トランプ政権で商務長官に任命されたウィルバー・ロスです。ビジネスの中心であるニューヨークから、東京２０２０オリンピック・パラリンピック、さらにその後を見据えた東京の目指すべき姿について発信し、東京のプレゼンス向上を図ったのです。ロス新長官との絆も、トランプ政権下での日本外交に少しは役立ったのではと思うと、都知事のポストを去ったことが残念です。

さらに、ウォール街にあるニューヨーク証券取引所を訪れ、同取引所の幹部と東京国際金融センター構想の実現に向けて意見交換を行いました。朝の取引開始のベルを押すという名誉ある役割も果たすこともできました。

都市外交によって、２０２０東京大会を成功させ、東京を世界一の都市にするという高い理想など掲げても、ファーストクラスを使ったという批判しかできないポピュリズムに毒されたこの日本では通用しないのです。これでは、世界に誇ることのできる政治指導者など生まれるはずがありません。

日本にはワシントンとの姉妹都市がない

ニューヨークを発って、ワシントンD.C.に移動し、ワシントンD.C.市庁舎で、ミューリエル・バウザー市長と会談しました。教育分野などで協力関係を深めていくこと、とくに両都市間の学生交流などを進めていくことで合意しましたが、日米両国の首都間で、若者の交流を行うことは、国際化を目指す東京にとって大変有意義であり、具体的な取り組みに向けて検討することを担当職員に指示しました。

また、ワシントンは、持続可能な都市へ向けた施策を積極的に推進しており、今後、互いの経験やノウハウを共有し合うことで、C40メンバーである両都市の交流・協力関係を構築していくことを約束したのです。

さらに、米戦略国際問題研究所（CSIS）において、「TOKYO AT THE

FOREFRONT:TACKLING THE COMMON CHALLENGES FACING THE WORLD'S LEADING CITIES（世界の主要都市が直面している共通課題に対して、その最前線で取り組む東京）」と題して講演を行いました。司会は、旧友のマイケル・グリーン副理事長で、彼が東大に留学していた頃からの付き合いでした。世界の知識人が集まるワシントンから世界に向けて、持続可能な環境とエネルギー、持続可能な経済成長、持続可能な社会の実現を目指して東京が取り組む施策を紹介しました。

講演の後、質疑応答も活発に行われましたが、未来に向かって力強く発展する東京の姿を発信することによって、東京のプレゼンスを向上させることができたと思います。また、都市の持続可能性の問題に正面から取り組むべきであるというメッセージを、多くの政府関係者やCSISで勉強している学生に伝えることができたと確信しています。

実は、ワシントンD.C.と姉妹都市にある日本の都市はありません。それは、首都である東京を差し置いて手を挙げる都市がないからです。そこで、私は、東京都が姉妹都市になるべきだと思い、その準備を進めようとしました。ワシントンでの全米桜祭りに参加したのも、日本の国益を考えてのことです。

このお祭りは、1912年3月27日に、当時の東京市長、尾崎行雄が桜をワシントンに送ったことを記念して行われているもので、世界中から70万人以上の観客が集まる全米最大の規模の祭りです。

ところが、日本や東京を代表するリーダーの参加があまりなく、それは日本の国益にとってもマイナスだという指摘が、佐々江賢一郎駐米大使からも寄せられたのです。特に、首都であるワシントンと北京やソウルは姉妹都市であるので、それを利用して、中国や韓国がワシントンでの存在感を増しているという危機感が大使から発せられ、何としても東京都知事には出席してもらいたいということだったのです。

ところが、マスコミは物見遊山に行っているかのような非難の声を上げ、私は辞任の余儀なきに至りました。その後、ワシントンと東京都が姉妹都市になるという計画は実現しないままです。

このように海外出張が私の失脚につながったことをよく見ていた小池都知事は、海外との交流にはあまり積極的ではありません。オリンピック・パラリンピック東京大会を控えて、海外からIOC委員をはじめ多くの要人が来ますので、自らは海外へ出ていくことはほとんどありません。都市外交で、東京の国際的地位を向上させるという役割は果たしていないと言っても過言ではありません。

あとがき

本書の執筆を進めている最中の2020年8月28日、安倍首相は持病の潰瘍性大腸炎の悪化を理由に辞任を表明しました。その後、自民党総裁選を経て、菅義偉官房長官が次期首相に決まり、9月16日には新政権が発足しました。政界は「一寸先は闇」という言葉通り、何が起こるかわからないものです。

菅首相は、小池都知事に不信感を抱いており、とりわけ新型コロナウイルス対策で両者は激しく対立しました。典型は、国が進めるＧｏ Ｔｏトラベルキャンペーンで東京が除外されたことです。

東京で感染が再拡大している状況を見て、菅官房長官は、「この問題は圧倒的に東京問題と言っても過言ではないほど東京中心の問題だ」と7月11日に述べました。これに対して、13日に、小池都知事は、「これは国の問題だ」と反論したのです。

官邸サイドは、これに反感を抱き、東京都が警戒レベルを最高度に引き上げたのを理由にして、東京だけを7月22日から始まるキャンペーンから外しました。

東京都からコロナ第二波が起こり、感染者が全国規模で増えていったことの責任は棚上げして、皮肉たっぷりに国を批判した小池都知事を菅官房長官が面白く思うはずはありません。東京都が軽症者用に借り上げていたホテルを解約してしまったことも、菅長官の怒りを買ったのだと思います。

都知事時代の私は、月に一度は菅長官と食事をしながら国と都との政策調整を行いました。私が知事職にとどまっていたら、国と都との間で軋轢を生むことはなかっただろうと思うと、残念です。

何よりも、コロナ危機によって都民の生命と財産を危うくするような愚は避けられただろうと思います。


安倍首相の病気による退陣という「政変」が起こると、小池都知事の関心は、「国政に復帰して、総理の座を狙う」という1点に絞られたようで、コロナ対策などには関心を失ったように見えます。パフォーマンスを考える余裕もないほど、権力志向の性（さが）が見えています。

菅首相の任期は、安倍首相の残りの任期ですから、２０２１年の9月までです。それまでには解散・総選挙を行わざるを得ませんので、小池都知事は総選挙に出馬するために都政を放り出すこともあり得ると思います。都民の生命と財産よりも、自分の権力追求を優先させる姿勢に変化がないからです。

２０１７年10月の衆議院選挙では、自らが指揮する「希望の党」が敗北を喫しました。それは、彼女の「排除」発言が響いたからですが、この屈辱にリベンジすることが彼女の生き甲斐のようです。

そのため今後、国政との連動で、都政にも激動が生じるかもしれません。しかし、学歴詐称問題でエジプト政府に助け船を出してもらったことは小池都知事の国政復帰の大きな障害となります。彼女が国政に復帰すれば、対外援助政策などでエジプト政府の意向を容れざるを得なくなり、国益を損なうことになります。この問題にマスコミは沈黙を守っていますが、日本外交の大きな汚点になることを忘れてはなりません。

小池都知事の野望との関連で、本書の第1章でも取り上げた豊洲市場移転問題を振り返る必要があります。彼女の空虚な空騒ぎについて、都庁幹部で元中央卸売市場次長の澤章が、2020年3月に上梓した『築地と豊洲』(都政新報社)という本の中で克明に記しています。

澤は、中央卸売市場次長の後、選挙管理委員会事務局長を経て退職し、本を出版したときには、都の外郭団体である東京環境公社理事長の職にありました。

小池都知事の豊洲騒動の動機が国政復帰であったことも澤は指摘していますが、本の内容に激怒した彼女は、7月に澤を理事長の職から更迭しました。小池都知事の報復人事、恐怖人事が、天下り先にまで及ぶという異例の事態が話題を呼びました。

内藤福祉保健局長も、7月の人事で交通局長に異動させられました。担当する新型コロナウイルス対策に関して、真っ正面から問題点を小池都知事に直言したことが、やはり彼女の逆鱗に触れたようです。都のコロナ対策が問題が多く、第二波の震源地となった理由がよくわかる気がします。

『都政新報』が1月に行った都職員へのアンケートでは、小池都政1期目の点数は100点満点で46点でした。

2020年9月現在、新型コロナウイルス感染がいつ収束するかは不明です。東京都の感染者は9月後半になっても200人を超える日が出るなど、依然として高い水準のままです。問題は、秋から冬にかけてインフルエンザの流行と一緒になって、ダブルパンチを食らうことです。そうなると、医療資源の不足など深刻な問題が生じます。

その一方で、効果があって安全なワクチンの開発はまだ成功していません。インフルエンザと違い、コロナ型のウイルスはワクチン開発が難しく、SARSやMERSのワクチンは未開発のままです。

さらには、2021年に延期されたオリンピック・パラリンピック大会を開催するのか中止するのかという決断も、開催都市東京に迫られます。世界から集まる選手や観客の安全が第一であることは言うまでもありません。国や大会組織委員会との調整が必要になってきますが、小池都知事は、菅首相のみならず、組織委員会の森喜朗会長とも犬猿の仲です。

それは、小池都知事が、森会長と私が行った競技会場の見直しを白紙に戻そうとする政治的パフォーマンスを行ったからです。時間と経費を費やしただけで、結局は森・舛添案に戻ったわけですが、彼女には五輪の成功よりも自分が目立つことのほうが重要なのです。

国や組織員会が五輪の開催に努力をしていても、国政復帰のためには中止を唱えたほうが人気が出ると思うと、彼女は平気でそうすると思います。権力追求のためには、何でも犠牲にするからです。

21世紀は、国家ではなく都市の世紀です。東京は、ロンドン、ニューヨーク、パリなどの世界の大都市と競争しています。

また、地球温暖化などのグローバルな課題について、トランプ政権のように国家が反対しても、都市間で連帯して取り組むことができます。

新型コロナウイルスの感染拡大で人の移動が制限されていますが、感染が収束すれば、人や企業は国境を越えて自由に移動し、富を追求するようになります。人や企業が国や都市を選ぶ時代なのです。

グローバル企業のアジアのヘッドクオーターが、東京ではなくシンガポールであることは残念なことです。東京が世界一魅力ある都市だと誇れるように、ハード、ソフトを改善していかねばなりません。

東京は、環境、交通、食生活などでは、世界でトップクラスの水準にありますが、解決すべき課題がまだ山積しています。

都市計画がまさにそうで、100年先を見据えた再開発が必要ですが、小池都政で頓挫してしまっています。

また、危機管理にも問題があります。日本は、地震、台風、集中豪雨などの自然災害が多く、首都東京も例外ではありません。ところが、私が都知事として着任するまで、危機管理を担う職員の養成が行われませんでした。そこで、数名の職員を研修のために海外に派遣し始めたのです。

小池都知事は危機管理の専門家ではありませんし、防災ということには興味がないようです。コロナのような感染症と自然災害が同時に起こる複合災害のケースでは、最悪の事態すら起こりかねません。

ポピュリスムが誕生させた小池都知事ですが、そのツケは都民にもろに返ってきています。東京がこれ以上沈没しないことを祈るしかありません。

ワニブックスの大井隆義さんには、手際よく私の原稿を一冊の本にまとめて頂きました。心から感謝します。

2020年9月

舛添要一

舛添要一（ますぞえよういち）
1948年福岡県北九州市生まれ。1971年東京大学法学部政治学科卒業。パリ（フランス）、ジュネーブ（スイス）、ミュンヘン（ドイツ）でヨーロッパ外交史を研究。東京大学教養学部政治学助教授を経て、政界へ。2001 年参議院議員（自民党）に初当選後、厚生労働大臣（安倍内閣、福田内閣、麻生内閣）、東京都知事を歴任。

東京終了

現職知事に消された政策ぜんぶ書く

著者　舛添要一

2020年11月25日　初版発行

発行者　横内正昭
編集人　内田克弥
発行所　株式会社ワニブックス
〒150-8482
東京都渋谷区恵比寿4-4-9えびす大黒ビル
電話　03-5449-2711（代表）
　　　03-5449-2734（編集部）

装丁　橘田浩志（アティック）／小口翔平＋三沢稜（tobufune）
校正　東京出版サービスセンター
編集　大井隆義（ワニブックス）

印刷所　凸版印刷株式会社
DTP　株式会社 三協美術
製本所　ナショナル製本

ISBN 978-4-8470-6649-8
ワニブックスHP　http://www.wani.co.jp/
WANI BOOKS NewsCrunch http://wanibooks-newscrunch.com/